D1488516

Le chemin qui mène à soi

Catalogage avant publication de la Bibliothèque nationale du Canada

Vendette, Marc

    Le chemin qui mène à soi

    Nouv. éd

    (Collection Psychologie)

    ISBN 2-7640-0796-5

1. Vie spirituelle – Nouvel âge (Mouvement). 2. Réalisation de soi – Aspect religieux. 3. Nouvel âge (Mouvement). I. Titre. II. Collection : Collection Psychologie (Éditions Quebecor).

BP605.N48V45 2003   131   C2003-940925-2

LES ÉDITIONS QUEBECOR
7, chemin Bates
Outremont (Québec)
H2V 4V7
Tél. : (514) 270-1746

©2003, Les Éditions Quebecor, pour la présente édition
Bibliothèque nationale du Québec
Bibliothèque nationale du Canada

Éditeur : Jacques Simard
Coordonnatrice de la production : Dianne Rioux
Conception de la page couverture : Bernard Langlois
Illustration de la page couverture : Daryl Benson / Masterfile
Révision : Sylvie Massariol
Correction d'épreuves : Francine St-Jean
Infographie : René Jacob, 15e Avenue infographie

Nous reconnaissons l'aide financière du gouvernement du Canada par l'entremise du Programme d'Aide au Développement de l'Industrie de l'Édition pour nos activités d'édition.
Gouvernement du Québec – Programme de crédit d'impôt pour l'édition de livres – Gestion SODEC.

Imprimé au Canada

Marc Vendette

Le chemin qui mène à soi

LES ÉDITIONS
Quebecor
QUEBECOR MEDIA

INTRODUCTION

Depuis les vingt dernières années, la notion de bien-être est devenue une préoccupation prédominante dans le paysage social, un véritable point de mire, voire un pôle d'attraction. Essoufflés par le rythme fou des exigences de la vie moderne, un nombre croissant de gens se rendent compte que le temps passe sans qu'ils aient une seconde pour apprécier ce qui leur est offert et pour en profiter pleinement. Malgré le portefeuille bien garni, la maison stylisée et la garde-robe dernier cri, c'est l'insatisfaction chronique. On n'arrive plus à se réchauffer le creux de l'âme – oui, ce mal de l'âme qui s'est répandu comme une maladie contagieuse ! Il n'est donc pas étonnant en conséquence que chacun parte, à un moment donné, à la recherche du point d'équilibre entre le confort matériel et le contentement personnel.

En raison de cet intérêt réel provoqué par l'idée de se sentir bien et de se permettre d'être ce que l'on veut être, la machine de la consommation n'a pas hésité à s'approprier ces concepts pour les transformer en biens matériels, en produits que l'on achète. Les ingénieux récupérateurs d'idées ont capitalisé sans vergogne sur les mots *bien* et *être*, en faisant de ces termes une mode, en les mettant à la une d'une foule de publications et en les commercialisant sous forme de produits et de services. Une mine d'or inespérée, quoi !

Nous vivons donc à l'ère des *machin-quelque-chose-thérapies* et des *n'importe-quoi-logues*! Tant et si bien que l'on n'arrive plus à s'y retrouver, à repérer l'arnaque et à différencier la frime de la vérité. Qui sont les « vrais » dans cette mer de spécialistes? Tout est prétexte au bien-être !

La meilleure façon d'éviter de tomber dans le piège, c'est de sortir les antennes de son propre radar, c'est d'apprendre à se servir de son intuition. Plus on reste branché sur soi, plus on se fait confiance et plus on devient habile pour développer des barèmes d'évaluation fiables.

Le désir d'être bien naît et se développe toujours en accord avec l'envie d'évoluer sur tous les plans, c'est-à-dire physiquement, mentalement et spirituellement. Le bien-être, c'est la fusion harmonieuse de toutes les dimensions de l'être humain, ça ne se résume pas à un massage par semaine ou à l'élimination du sucre dans son régime alimentaire ! Non, le bien-être, c'est un ensemble de choses, de faits et gestes, de pensées qui se conjuguent à tous les temps et dans toutes les situations, et qui tricotent le fil conducteur de notre philosophie de vie.

CHAPITRE 1

LA QUÊTE DU BIEN-ÊTRE

La quête du bien-être permet de découvrir ce pourquoi nous sommes destinés.

Nous avons une mission bien précise à remplir en tant qu'êtres humains lors notre passage sur la terre. Voilà une affirmation qui peut être stimulante pour certains, angoissante pour d'autres ou sans signification pour d'autres encore ! Car force est d'admettre que le questionnement existentiel, et tout ce qui en découle sur les plans de la réflexion et de la prise de conscience, n'est pas ressenti ou vécu de la même façon par tous.

Distrait ou obnubilé par l'aspect matériel, embrigadé, docile, résigné, l'humain suit ce que l'on appelle le *cours normal des choses* sans trop s'interroger, tenant pour acquis que c'est tout ce qu'il y a à faire. Mais, un jour, à force de répéter les mêmes gestes et de ressasser les mêmes idées, son intérêt s'estompe ; il soupire d'ennui et attend parce que, pense-t-il irrémédiablement, il n'y a pas d'autres choix.

Certains ont parfois même ce réflexe, presque aussi inné et involontaire que celui de la jambe qui rebondit après avoir reçu un petit coup de mailloche sur le genou, de se réfugier dans la facilité de la complainte accusatrice envers le destin cruel qui s'acharne sur eux. Ils deviennent des victimes que la vie ne satisfait plus, à cause des autres, à cause du système, à cause des événements, à cause de la température. La liste de litanies pourrait s'allonger quasi à l'infini.

Mais chacun de nous possède des outils physiques, intellectuels et spirituels pour se réaliser. Aussi tiraillé qu'il puisse être entre les obligations sociales et la poursuite d'un idéal, l'être humain doit trouver la voie qui lui permet d'actualiser ses aspirations profondes sans courber l'échine sous le poids des nombreuses responsabilités auxquelles il doit faire face, ou... qu'on lui fait endosser parfois contre son gré. Et nous avons tous, en nous, le pouvoir de trouver cette voie.

Cela dit, pour y arriver, une condition qui exige de l'implication et du courage s'impose : faire connaissance avec soi-même. Une telle démarche n'est pas de tout repos, et c'est ce qui explique pourquoi tant de gens évitent d'entreprendre ce type de voyage intérieur nécessitant obligatoirement un face-à-face avec leurs valeurs, avec leurs faiblesses ainsi qu'avec certaines blessures lointaines et la souffrance qui les accompagne. Le chemin qui mène à notre moi profond est parfois rocailleux et jonché d'embûches qu'il faut surmonter, mais il est aussi parsemé d'une infinité de détails merveilleux dont on apprend (ou réapprend) l'existence et qu'on a de la difficulté à percevoir dans la routine quotidienne.

Le chemin qui mène à soi, c'est une voie permettant à l'être humain de toucher à toutes les dimensions de sa nature véritable et de choisir les instruments qui lui conviennent pour bâtir sa vie, en accord avec ses désirs et non avec le modèle social préconçu.

Avoir la volonté

Apprendre à se connaître et à se reconnaître nécessite, comme point de départ, une grande volonté ; il ne suffit pas de lire des bouquins, d'assister à des conférences en hochant la tête pour signifier sa compréhension et son accord avec les idées énoncées, ou de participer à des ateliers pour ne faire valoir que son intelligence ! Certes, il peut s'agir là d'un point de départ, mais si le désir de cette rencontre avec soi doit être réel, sincère, il doit aussi (surtout) être motivé par un sentiment d'ouverture au changement, car certaines valeurs et certaines perceptions s'en trouveront ébranlées et remplacées par de nouvelles. Des sensations jusqu'alors imperceptibles émergeront et feront s'éveiller des ressources insoupçonnées ; un potentiel latent se transformera en énergie palpable et ressentie.

Tout le succès de la démarche repose sur les épaules de cette volonté initiale, d'une conviction, qui, n'ayons pas peur des mots, doit être inébranlable parce que, ce faisant, nous reconnaissons être les instigateurs du tourbillon émotionnel que cela pourra provoquer. Et il nous faudra aussi en accepter la responsabilité.

D'ailleurs, cette responsabilisation constitue en elle-même une énorme prise de conscience, laquelle se traduira par la suite en gestes concrets dans le quotidien, de tout petits gestes, parfois bien simples, mais qui préparent la mise en place de bases inédites annonciatrices de son évolution personnelle. Et voilà que peu à peu, on applique et on intègre les nouvelles références dans l'enchaînement logique des événements... et on commence à prêcher par l'exemple. Finie la mentalité des *je suis né pour un petit pain, je suis trop vieux pour changer les choses, je ne peux rien faire pour aller contre ça !, c'est pas moi qui décide*, etc. Accepter de se débarrasser de ses vieilles peaux et de ne plus choir sous les qu'en-dira-t-on fait se dresser les piliers d'une confiance garante d'un optimisme constamment renouvelé et d'une libération de l'être.

On le sait : la nature humaine recèle des pouvoirs immenses, plus grands, plus forts et plus mystérieux que ce que l'on apprend dans les cours de religion, de biologie ou de relations interpersonnelles, mais c'est la tâche de chacun de se les approprier. La partie la plus difficile à accomplir est sans doute de reconnaître son héritage divin, d'accepter que l'homme renferme en son être la présence de Dieu (pris dans le sens très large de Puissance divine ou supérieure) qui doit se manifester dans la réalité matérielle de la manière la plus élevée possible, c'est-à-dire la plus en harmonie avec ses valeurs fondamentales et ses aspirations.

L'homme doit savoir qu'il détient les réponses à toutes ses interrogations à l'intérieur de lui. Même s'il se fait dire quoi penser ou quoi faire par les autres, il ne trouvera jamais de meilleures solutions que par lui-même et que dans le résultat de ses propres expériences. De fait, l'expérimentation par la difficulté, voire la souffrance, joue un rôle non négligeable dans l'apprentissage personnel, car elle nous permet de nous rendre compte de la portée et des conséquences des décisions prises et des actes posés. Par la suite, l'individu empreint des sentiments qu'il a ressentis au cours d'une période d'*instabilité* (de quelque nature que ce soit) développe une attitude empathique envers ceux qui ont à traverser des situations semblables. Le jugement sévère et incisif fait alors place à la compréhension et, surtout, au pardon, dont il ne faut jamais sous-estimer la puissance ; ses effets sont bénéfiques tant pour celui qui le donne que pour celui qui le reçoit, ainsi que pour leur entourage respectif.

Recherche et compréhension

Entrer de plain-pied dans un processus de remise en question signifie accepter de réévaluer constamment son niveau de satisfaction. La recherche du bien-être, de l'estime de soi, de la valorisation et l'harmonisation de ses croyances avec ce que l'on définit comme étant le véritable accomplissement personnel exigent aussi une bonne dose d'humilité. En effet, les normes sociales, qui associent réussite avec niveau de vie élevé, incitent souvent à délaisser les valeurs humaines simples et profondes (l'amour, le respect ou la justice, pour ne nommer que celles-là) au profit du pouvoir, de l'appât du gain, bref, d'une certaine forme d'égoïsme. Même si elles correspondent à une qualité de vie intérieure plus valorisante, les valeurs profondes sont souvent reléguées aux oubliettes et apparaissent néanmoins comme étant moins séduisantes parce que donnant des résultats moins flamboyants, tout au moins en apparence.

Il faut, en outre, remarquer que *vie intérieure* et *abondance* ne sont pas incompatibles ; la prospérité érigée sur des fondations de respect mutuel cadre logiquement avec les lois spirituelles à expérimenter sur le plan terrestre. Nous ne sommes pas tous destinés à être des mère Teresa ou des saint François d'Assise pour lesquels il n'existait pas d'autres façons de se réaliser que par le don de soi total dans le dénuement complet (de là, d'ailleurs, l'importance de connaître ses propres aspirations). En d'autres termes, *spiritualité* n'est pas synonyme de *pauvreté*.

Au début de la démarche, il peut paraître difficile de résister à la pression sociale ; souvent, on peut se sentir obligé de se justifier et d'expliquer en long et en large pourquoi on privilégie un canevas de vie plus collé à ses aspirations personnelles. Les questions pressantes de l'entourage qui ne comprend pas toujours la nature et la finalité d'une telle action peuvent en effet être préoccupantes, et parfois même ébranlantes. Mais doucement, à mesure que le climat de quiétude s'installe et que la satisfaction devient son pain quotidien, la personne impliquée dans une démarche individuelle de cet ordre ne ressent plus du tout le besoin de défendre sa cause : elle a confiance. Les raisons qui motivent ses choix sont évidentes et les résultats deviennent de plus en plus éloquents. Sans compter qu'avec la venue de cette quiétude intérieure, il n'est pas rare que la prospérité apparaisse d'elle-même, d'une façon imprévue et naturelle.

C'est en quelque sorte le principe de conservation et de canalisation de l'énergie. Il faut savoir que la justification gruge énormément d'énergie, sans compter que le temps que l'on perd à se justifier dénote un manque de confiance en soi ; ce manque de confiance déstabilise – l'énergie déployée à convaincre n'est pas utilisée pour servir ses fins de réalisation, car elle s'étiole et s'éparpille. Une personne confiante, branchée sur ses convictions, focalise ses pensées et ses actions vers son but à atteindre, sans éprouver de malaise vis-à-vis des commentaires des autres. Cette personne conserve toute son énergie et utilise tout son potentiel.

La vie est bonne. Il suffit d'y croire, de voir les occasions et de prendre les moyens pour qu'elle le devienne si telle n'est pas la réalité. La loi de la cause à effet prévaut. Et attention aux futés ! La vie est ainsi faite que lorsque l'on triche, lorsque l'on se réjouit intérieurement de l'avoir déjouée, elle nous attend dans le détour et s'organise toujours pour nous rendre la monnaie de la pièce à un moment ou à un autre...

Les chemins

Il y a différents chemins qui mènent à soi, nature humaine oblige : personnalités différentes, multitudes de pensées et de styles, niveaux d'évolution variables. C'est pourquoi le chemin le plus approprié qui mène à soi et au bien-être n'est pas le même pour tout le monde ; chacun doit reconnaître celui qui est le sien. Il n'empêche que la démarche, elle, est la même, et celle que je vous propose dans ce livre en est une qui fait essentiellement appel à cette dimension spirituelle qui anime chaque individu. Dans un tel contexte, le travail que l'on entreprend sur soi exige une grande disponibilité, une honnêteté de tous les instants et l'ouverture d'esprit nécessaire pour laisser libre cours à la spontanéité intuitive par rapport à ce que l'on vit.

De prime abord, c'est une démarche qui peut sembler singulière, exigeante, peut-être même inaccessible, en raison de son lien avec l'impalpable et le ressenti, mais il ne faut (surtout) pas se laisser impressionner par ces notions avec lesquelles on peut ne pas être familiarisé – c'est d'ailleurs l'intention de base de la personne concernée qui donne le ton à la démarche ; si on se contente de faire les exercices intellectuellement, de les essayer par curiosité ou d'emboîter le pas parce que *c'est la mode*, il est entendu que l'on passera à côté de l'essentiel et que l'on n'atteindra certainement pas le but fixé.

La prise de contact avec son univers intérieur s'effectue donc étape par étape. Dans un premier temps, elle permet à l'individu d'explorer son réseau sensitif par des exercices de méditation et de visualisation, de sonder son âme et d'apprivoiser son émotivité. Cette connexion avec soi permet ensuite de procéder à un genre de cure de désintoxication de l'être, d'éliminer des souvenirs douloureux, des ressentiments conscients et inconscients, refoulés, tatoués sur le cœur. Cette épuration de l'âme est une condition essentielle au processus de changement intérieur ; son action nettoyante permet de faire la paix avec le passé, en libérant l'accès de certaines voies que l'on avait cadenassées et que l'on avait oubliées intentionnellement pour ne plus souffrir, croyait-on. Débarrassé de ces blocages et de leurs cachotteries subconscientes, on est enfin branché sur sa nature profonde et on est à même de percevoir ses vrais besoins, ses valeurs fondamentales ; en fait : sa propre vérité. Une fois le flux émotionnel rétabli, on peut donc vraiment entreprendre la réalisation de son projet de vie en accord avec les priorités définies dans le respect et l'amour de soi.

Puis, peu à peu, on pourra s'ouvrir à de nouveaux concepts – comme les lois de l'énergie universelle, les couleurs, les chakras, les lois karmiques, la loi de l'évolution et la réincarnation, la rencontre avec son guide spirituel, etc. – , qu'on intégrera à son esprit, de façon à découvrir de nouvelles sensations émotionnelles et à apprendre à s'en servir. Le but ultime à atteindre : l'équilibre du rationnel et de l'émotif pour savoir travailler harmonieusement avec ces deux aspects de sa personnalité, et, surtout, pour être capable de se fier à son ressenti et ne pas se laisser déjouer par le mental.

Le chemin qui mène à soi n'est pas à sens unique, car il nous mène également au cœur de son prochain ; en se comprenant soi-même, on comprend les autres.

Le chemin qui mène à soi est l'avenue de la conscience.

Le chemin qui mène à soi est l'aventure d'une vie assumée.

Le chemin qui mène à soi est la reconnaissance de son destin et de sa mission, en tant que créature humaine dans l'Univers.

CHAPITRE 2

FAIRE CONNAISSANCE AVEC SOI

L'émergence d'un besoin

Il est plutôt rare qu'on décide, du jour au lendemain et sans raison, de commencer une démarche personnelle, d'effectuer une recherche intérieure. En fait, la plupart du temps, ce sont des événements dramatiques qui nous poussent à nous interroger sur le sens de la vie, de *notre* vie ; il peut s'agir de la mort d'un proche, d'une séparation conjugale, d'un accident, d'une maladie grave ou de problèmes de santé récurrents, ou parfois, plus simplement, de l'accumulation d'incidents malencontreux. Dans certains cas, il peut aussi s'agir d'un sentiment permanent d'insatisfaction, d'un certain mal de vivre qui nous gruge à l'intérieur. Plus exceptionnellement, il y a le désir naturel et inné qui émane de la conscience déjà éveillée et ouverte de ceux qui ne craignent pas de se remettre en question, d'apprendre, de se réévaluer, de se repositionner ; leur besoin d'évoluer est omniprésent et s'inscrit dans la suite logique de leur mode de vie.

L'envie de comprendre pourquoi on se retrouve toujours devant les mêmes problèmes ou pourquoi on se sent si mal dans sa peau nécessite obligatoirement un retour vers soi, un *décodage* de sa personnalité, une prise (ou une reprise) de contact volontaire et éclairée avec ce que l'on est vraiment. Dans un tel cas, le besoin de faire ou de refaire connaissance avec soi se fait sentir tout doucement, puis il s'impose et apparaît comme une évidence.

La sincérité et l'humilité

Le besoin de mettre fin au cycle des événements négatifs et des malheurs à répétition doit émerger d'un désir sincère d'accéder au bien-être intérieur et de réaliser les transformations nécessaires pour que cela se produise. Il est inutile de jouer un jeu ou de faire de grands coups d'éclat pour impressionner la galerie, car cette attitude se retournera contre la personne même ; peut-être réussit-on à tromper les gens de son entourage et à finir par se convaincre soi-même de ses entourloupettes, mais devant l'absence de résultat concret, avec le temps, la vérité toute nue finira par apparaître.

On a d'ailleurs intérêt à se méfier de son ego, car celui-ci agit sur l'humain de façon très sournoise, en flattant l'orgueil et en le détournant de ses buts premiers. En ce sens, l'examen de conscience volontaire vient contrecarrer les élans trop puissants et destructeurs de l'ego ; aller directement au cœur de soi pour découvrir ses faiblesses et accepter ses imperfections, voir où le bât blesse et être capable de l'affronter sont les conditions inhérentes à un désir sincère d'une transformation personnelle. En pénétrant dans le noyau du malaise, on réactive la souffrance originelle, et, au lieu de la fuir, on s'en imprègne, on la ressent, on la verbalise pour l'expulser enfin. On se permet d'exprimer tous les sentiments qui y sont reliés – peine, colère, culpabilité, etc. –, puis on pardonne à la personne responsable de cette douleur, c'est-à-dire soi-même (ou, dans certains cas, quelqu'un d'autre).

Cela doit être clair, il faut décider d'en finir une fois pour toutes avec l'apitoiement sur son sort ou le syndrome de l'*éternelle victime* – une telle attitude alimente le mouvement perpétuel de la roue des malheurs ! C'est le cas des gens, par exemple, qui ont comme réponse à tout ce qui leur arrive les expressions du genre *ce n'est pas de ma faute* ou *je n'ai pas le choix*. Il arrive souvent que ces personnes se complaisent dans leurs déboires, et le fait de raconter leurs ennuis leur procure une certaine valorisation. Tant qu'il y a quelqu'un pour les plaindre, elles y trouvent leur compte. Pieds et mains liés aux boulets de la fatalité, ces personnes ont un travail énorme de prise de conscience à faire, car pour que leur désir de changer soit vraiment sincère, elles doivent admettre qu'elles ne sont pas des esclaves du destin, mais, bien au contraire, qu'elles sont entièrement responsables de leurs tourments.

Par exemple, on a tous un ami qui est constamment aux prises avec des problèmes financiers ; il se plaint toujours de ne pas être suffisamment rémunéré pour le travail qu'il fait, d'être endetté et de ne pas pouvoir subvenir convenablement à tous ses besoins. S'il est naturel et *humain* de compatir à ces déboires, il faut cependant également regarder ce que la personne fait comme action pour résoudre ces problèmes. Dans ce cas, par exemple, si l'on sait que cet ami ne tient pas de budget, qu'il n'établit pas de priorités et qu'il ne se pose jamais les questions : *ai-je vraiment besoin de cet article ?* ou *ai-je les moyens de m'offrir autant de repas au resto ce mois-ci ?* quand vient le moment de dépenser, l'empathie n'est pas nécessairement la bonne attitude. Il est évident que tant qu'il ne fera pas l'exercice de calculer ses rentrées d'argent et ses dépenses, et qu'il n'échafaudera pas de plan concret pour y remédier (soit en classant ses priorités, en s'allouant un montant pour ses dépenses personnelles hebdomadaires, en n'utilisant aucune carte de crédit jusqu'au paiement complet de celle-ci, etc.), il ne pourra jamais stopper l'hémorragie financière dont il se dit victime, mais dont il est absolument responsable et contre laquelle il a le pouvoir d'agir. La seule empathie, dans un tel cas, peut même devenir une certaine forme d'encouragement à poursuivre sur la même voie...

Cela dit, il faut toujours avoir à l'esprit que malgré une bonne vigilance, on risque de toujours se faire surprendre à un moment ou à un autre – c'est d'ailleurs un signe de sagesse et de prudence que de le retenir. Il ne faut surtout pas s'asseoir sur ses lauriers et penser que parce qu'on a éveillé sa conscience, sa sincérité et son humilité, rien ne peut nous faire trébucher. C'est faux. Nous sommes tous dans ce monde, dans cette société pour apprendre, et quelle que soit la nature de notre *évolution*, nous sommes tous vulnérables. Si le fait d'être plus alerte rend plus faciles la détermination des problèmes et la découverte de leurs solutions, cela ne nous rend pas invincibles pour autant.

Toutes ces constatations ne sont toutefois pas faciles à faire, et encore moins à concrétiser, mais il n'y a pas de solution miracle ou de recette magique lorsque l'on veut reprendre les rênes de sa vie. Néanmoins, la sincérité ouvre la voie et l'humilité guide les pas de celui ou celle qui s'engage à renouveler sa foi en lui-même.

Avoir la foi

Dès notre plus jeune âge, on a essayé de nous enseigner et de nous transmettre l'importance capitale de la foi par l'intermédiaire de nos premiers cours de religion. Mais, si nous savions tous par cœur les pages du catéchisme, nous n'intégrions pas nécessairement les concepts que cela sous-entendait ; reconnaissons d'ailleurs que c'est plutôt difficile à faire lorsque l'on n'a que six ou sept ans ! On nous disait sommairement qu'avoir la foi, c'était croire en Dieu, et que, pour entretenir cette foi – la flamme de l'Esprit Saint qui habite l'âme de chaque être humain –, il fallait aller à l'église, prier et appliquer les commandements transmis par Dieu lui-même à Moïse.

Depuis, les choses ont changé ; la présence et l'influence des religieux et la pratique religieuse ont subi une forte baisse ; certaines lois, autrefois *coulées dans le béton*, sont maintenant allègrement transgressées et même acceptées socialement – que l'on pense au divorce, au concubinage, à la contraception ou à l'avortement. Malgré cet état de fait – ce relâchement diront certains, cette liberté retrouvée affirmeront d'autres –, nous ne sommes pas sans remarquer que l'être humain ressent toujours le même besoin fondamental de se sentir *gouverné* par quelque chose de plus fort et de plus grand que lui. Pourquoi ce sentiment, et d'où vient-il donc puisque le commun des mortels semble toujours vouloir davantage de liberté et de contrôle sur sa vie ? N'est-ce pas contradictoire ?

La nature humaine elle-même étant un tissu de paradoxes et de contradictions, comment pourrait-il en être autrement de sa pensée et de ses comportements ?! Tiraillé entre le bien et le mal, habité par des forces insoupçonnées, mais faible comme un puceron, à la fois bon et cruel, lucide à certains moments et inconscient à d'autres, l'homme a dessiné sa réalité autant que faire se peut dans un tohu-bohu de courants de pensée à travers les âges. D'exclusivement instinctif qu'il était il y a plus de trois millions d'années, l'homme est maintenant parvenu à un niveau d'intelligence qui lui fait repousser ses propres limites à des frontières encore inimaginables jusqu'à tout récemment. Ce potentiel immense que l'homme est en train de se découvrir constitue une raison plus que suffisante pour avoir une foi inébranlable en soi, car fondamentalement, la foi n'est pas exclusivement une notion rattachée à la religion ; la foi est une question de confiance, et quand cette confiance est ancrée solidement à l'intérieur de soi, quand elle devient le pilier sur lequel reposent toutes les croyances et toutes les pensées qui germent dans l'esprit, son pouvoir devient quasi sans limite.

La puissance de la foi est d'ailleurs si grande que l'homme préfère souvent en attribuer le crédit à quelqu'un ou à quelque chose qui lui est extérieur, peut-être parce qu'il a peur de cette faculté aussi impalpable que difficile à saisir qu'il possède en son cœur, et grâce à laquelle il pourrait concrétiser la plupart, sinon tous ses désirs et ses aspirations. Ce faisant, cela lui permet en quelque sorte de se décharger de toute responsabilité lorsque, ne sachant trop comment s'en servir, l'orienter et la développer, sa foi défaille et ne porte pas les fruits escomptés.

À l'exception des athées, la majorité des gens adhèrent à l'idée qu'il existe une force, une puissance, une énergie ou un Dieu au grand gouvernail de l'Univers qui assure l'évolution de notre humanité, ainsi que celle du cosmos infini. Cette notion que l'on a tendance à imaginer infaillible tend toutefois à s'atténuer lorsque l'on ajoute qu'une part de cette force cosmique – énergie universelle ou puissance divine, peu importe le nom qu'on lui prête – se trouve dans chaque créature humaine, et qu'il est du pouvoir de chacun de se *brancher* et de puiser à même cette source inépuisable pour accomplir son destin.

Le divin que l'on porte en soi n'est pourtant pas une notion nouvelle, et elle ne s'inscrit pas en opposition aux préceptes de la religion, quelle qu'elle soit. Le pouvoir divin, débarrassé des artifices de religiosité, constitue une conviction intérieure qui guide les choix de vie en fonction de ses aspirations, de l'amour – au sens large du terme – et de son équilibre. La réussite qui s'ensuit et le climat harmonieux dans lequel tout se déroule sont les signes évidents d'une bonne fusion de l'être avec son aspect divin.

Il faut donc :

- avoir foi en soi ;

- avoir foi en sa réussite ;

- avoir foi en l'Amour.

Même si, avec le temps, on croit s'être embourbé dans les rouages de la quotidienneté, il est possible de reprendre contact avec sa foi et de raviver la flamme d'espérance éteinte depuis peut-être trop longtemps. Les quelques petits points de repère qui suivent peuvent aider celui ou celle qui désire se remettre sur le mode de la confiance et du renforcement de soi :

- désirer sincèrement réussir (dans le sens le plus noble du terme) ;

- être conscient que des efforts volontaires sont nécessaires pour démarrer la roue et pour alimenter le processus ;

- ne plus fermer les yeux sur les événements qui font souffrir, les affronter pour y mettre un terme et détruire les racines du mal ;

- faire preuve d'honnêteté envers soi-même, ne pas se bercer d'illusions ;

- éliminer les gens négatifs et les milieux malsains qui font patauger sur place et qui nuisent à l'évolution de la situation vécue et de l'être en général ;

- profiter des moments de solitude pour réfléchir, ou tout simplement méditer pour mieux se régénérer ;

- considérer la vie quotidienne comme un terrain d'apprentissage ; accepter que les autres puissent être porteurs d'enseignements utiles et être conscient qu'on peut également l'être pour les autres ;

- ne pas s'imposer de limites ;

- se rendre compte, quand on s'entend dire *j'ai cela à vivre !*, que l'on doit apprendre une leçon et effectuer un changement ; ainsi, on agit en personne responsable de sa destinée au lieu de rester impassible et de se dire *je n'ai pas le choix !* ;

–   exprimer ses idées et ses pensées ;

–   apprendre à s'affirmer.

Il faut bien garder à l'esprit que lorsque l'être humain ne croit plus en rien, il ne porte plus attention à ce qui l'entoure et vit parce qu'il faut vivre. En fait, il compense la véritable action que sous-entend le mot *vivre* par l'acquisition de biens matériels et un grand nombre de relations très souvent superficielles. Dans un tel cas, cela s'accompagne du fait que ses perceptions se limitent à ce qu'il peut voir, à ce qu'il peut toucher et à ce qu'il peut comprendre de façon rationnelle.

L'abandon

De là l'importance de l'abandon.

L'abandon, le détachement ou le lâcher-prise sont l'élément clé du succès d'une réalisation personnelle harmonieuse. Mais attention ! Lâcher prise ne signifie pas se croiser les bras et ne rien faire ! En fait, l'abandon dont il est ici question relève plus d'un certain recul que l'on doit prendre face à soi et aux événements pour mieux analyser et comprendre. Cette capacité d'abandon fait donc partie intégrante de notre foi. Ce qu'il importe de saisir, c'est que l'on se doit de lancer l'idée et de semer les graines pour tout mettre en place. Une fois que l'on a ouvert la voie, il faut laisser l'Univers faire sa part. L'acharnement, l'insistance à outrance et l'entêtement ne donnent pas la possibilité à la Force suprême – que l'on peut appeler Énergie universelle ou Dieu, selon ses croyances personnelles – de se manifester. Pendant que l'on s'obstine avec les événements, on ne se met pas dans une position favorable pour prendre le recul nécessaire qui permet d'observer les *coïncidences* intelligentes pouvant se produire. On a alors l'impression de faire du surplace et on se complique la vie plus qu'autrement.

La frontière entre la persévérance et l'acharnement est certes difficile à situer, mais on peut trouver la juste mesure dans le sentiment du devoir accompli. Quand on a la conviction profonde et sincère que l'on a fait tout ce qu'il y avait à faire, c'est que des efforts supplémentaires seraient superflus et mal venus. C'est là qu'il faut s'en remettre à sa foi et se servir de son sens de l'écoute et de l'observation pour surveiller la *petite voix intérieure* qui soufflera une éventuelle solution.

Une de mes amies a été célibataire, à son corps défendant, pendant plus d'une dizaine d'années, mais l'épanouissement à l'intérieur d'un couple était (et est toujours) une valeur, un besoin fondamental pour cette femme en quête de complicité, d'amitié et d'amour. Les derniers mois de son célibat ont été particulièrement difficiles parce ses pensées étaient presque continuellement habitées par le fait qu'elle n'arrivait pas à trouver l'homme qui aurait répondu à ses attentes. Le désir de comprendre le pourquoi et de mettre enfin le doigt sur le bobo monopolisait toute son énergie.

Un soir, une copine à laquelle elle n'avait pas parlé depuis longtemps lui téléphona pour avoir de ses nouvelles. Les deux filles discutèrent de choses et d'autres, puis arriva LA question : *Dis donc, as-tu rencontré quelqu'un finalement ?* À travers des sanglots incontenables, au lieu des propos habituellement empreints de frustration, mon amie s'est entendue répondre : *Tu sais, je crois que j'ai fini de me battre. Ce soir, j'accepte qu'il soit possible que je fasse ma vie seule. Peut-être que je suis faite pour vivre seule, tout simplement...* Ce fut en quelque sorte une libération, car elle avait lâché le morceau, elle s'abandonnait. Cet abandon a agi naturellement sur son quotidien, lequel a pris une tournure différente – elle ne cherchait plus l'homme dont elle avait toujours rêvé. Pourtant, un mois plus tard, sans qu'elle s'y attende, elle rencontra, au cours d'un souper improvisé entre amis, celui qui partage sa vie depuis maintenant quelques années.

Chacun a d'ailleurs très certainement en tête des exemples de gens qui ont cessé une quête désespérée de quelque chose avant d'en voir la concrétisation. Il semble donc que l'abandon crée l'espace dont la foi a besoin pour travailler pour nous.

Être son meilleur ami

Voici pourquoi il est si important de faire connaissance avec soi : la seule personne sur qui on peut vraiment compter pour mener à bien la réalisation de ses objectifs, c'est soi-même. Cela semble un cliché, mais il n'y a rien de plus vrai ; cela paraît facile, mais il n'y a rien de plus difficile que d'être son propre allié et d'accepter que nous sommes toujours les seuls responsables de ce qui nous arrive.

Chaque être humain porte en lui toutes les réponses à ses questions, toutes les solutions à ses problèmes. Mais pour cela, il faut avoir l'honnêteté et le courage de regarder les problèmes en face, de se poser les vraies questions et d'y répondre franchement – et d'*écouter* la ou les réponses. Nous avons souvent tendance à croire que la solution à nos contrariétés et notre force à les résoudre se trouvent à l'extérieur de nous-mêmes. Un ami, le conjoint, le psychologue, la médication temporaire ne sont pourtant que des renforts venant alléger le fardeau, mais qui ne peuvent faire le travail à notre place.

La connaissance de soi, la conscience de son propre potentiel et des ressources inépuisables de l'Univers constituent la meilleure assurance succès dont on puisse se doter. Devenir son meilleur ami, développer des aptitudes de confiance et d'optimisme évitent de faire de nous des êtres faibles et démunis devant le premier obstacle.

Les pièges à éviter

Quand on vise l'accomplissement de soi dans la paix et l'harmonie, des constats et des choix de vie en concordance avec ces préceptes s'imposent. On accepte alors délibérément d'ouvrir son esprit aux changements qui en découlent et de mettre certaines vieilles habitudes au rancart. Mais les pièges du plan matériel sont nombreux : la valorisation sociale axée pour une large part sur la performance crée une pression intense ; le sentiment d'obligation envers tout et tout le monde est omniprésent. Dans ces conditions, l'anxiété, le stress, la surestimation de nos capacités et la peur du manque ont tôt fait de nous enfermer dans leur souricière !

Toutes ces tensions causées par l'anxiété et le stress provoquent des blocages physiques et psychologiques. En plus de créer des malaises ou des maladies, ils perturbent la créativité de la pensée en la contraignant à répondre aux seuls besoins de la performance. Dans un tel état, il est difficile de prétendre être à l'écoute de soi et d'évoluer. Ankylosé par le poids du stress et des préoccupations, on devient inefficace, on sombre dans l'inquiétude. Paralysé par la peur, on se sent coincé et tellement impuissant qu'on en perd ses moyens. Le stress que l'on s'impose ainsi sans relâche n'est-il pas l'antithèse du respect que l'on se doit ? Toute cette anxiété vaut-elle la peine ? En d'autres mots : sommes-nous *réellement* plus heureux au bout du compte ? C'est la question qu'il faut se poser.

On veut en faire toujours plus, mais sans vraiment savoir pourquoi. Que veut-on prouver ou *se* prouver ? À quel point on est fait fort ? À quel point on est irremplaçable ? Mais avons-nous pris le temps de nous mettre à l'écoute des véritables attentes, pour ne pas dire des exigences de notre moi intérieur ?

Concrètement, quotidiennement dirais-je, on ne donne son meilleur rendement que dans la mesure où on peut fonctionner selon ses véritables capacités, sans ajouter de pression supplémentaire à celle qui prévaut déjà. Quand on s'applique, l'efficacité s'ajuste au niveau de confiance que l'on s'accorde ; il s'agit donc de trouver le point de convergence entre l'effort à fournir et l'état dans lequel il est possible de produire du mieux qu'on le peut. Un bon dosage suffit à réaliser pleinement et heureusement la tâche.

Voici l'exemple d'un ami qui travaillait depuis plusieurs années pour la même entreprise et qui donnait toujours plus qu'on ne lui demandait. Il n'hésitait pas à sacrifier ses week-ends et ses soirées. Un jour, une erreur de jugement dans la façon d'exécuter sa tâche occasionna quelques difficultés à son employeur, qui décida de lui servir une bonne leçon. La bévue de mon ami lui valut donc une suspension sans salaire de quelques jours. Blessé, ce dernier s'est senti injustement puni en raison de toutes ces heures supplémentaires et de toute cette implication dont il avait toujours fait preuve.

Néanmoins, ces jours de congé forcé ne furent pas vains, car ils l'ont en quelque sorte obligé à prendre conscience qu'il s'était lui-même imposé un rendement épuisant et hors du commun. Force lui fut de constater que c'était à nul autre qu'à lui-même qu'il voulait plaire ; il voulait se faire valoir et se rendre indispensable, alors que personne n'en exigeait autant de lui. Sa période de suspension lui a ainsi permis de réviser son degré d'implication et de performance à son travail et de le ramener dans des proportions plus raisonnables.

Depuis cet événement, l'ami en question a toujours à cœur les fonctions qu'il doit remplir, mais il ne s'impose plus de pression supplémentaire. Et les résultats sont d'autant plus positifs que son entourage apprécie l'atmosphère plus décontractée qui en résulte.

Cette anecdote permet de constater qu'on livre plus efficacement la marchandise, tout en dépensant moins d'effort, lorsque l'on fait de la place à la réflexion et à la créativité. Pour favoriser le prolongement de cette sensation de quiétude à l'extérieur du travail – car l'emploi n'est pas la seule cause de stress –, on devrait transposer cette attitude *dédramatisante* à toutes les autres situations problématiques que l'on est amené à vivre.

Le temps alloué au renouvellement de ses énergies devrait d'ailleurs tenir une place prépondérante dans notre horaire. Et c'est parfois en se donnant la peine de déterminer les sources de son *mal-être* et les origines de son insatisfaction que l'on apprend à recomposer rapidement et agréablement sa propre histoire et à répartir le temps équitablement entre ses différents champs d'intérêt. C'est comme si on se permettait de vivre de petites aventures qui nous sortent de la routine et qui sollicitent d'autres références que celles du quotidien ; du coup, on élargit son éventail de connaissances, on cultive sa curiosité, on se nourrit, on prend soin de soi, et, petit à petit, on trouve (ou retrouve) son équilibre.

Une simple réflexion sur les réponses à des questions comme celles suggérées ci-dessous permet de clarifier et d'établir nos priorités :

- *Quels sont les gens qui ont de l'importance pour moi et que je considère avoir trop négligés ?*

- *À quelle fréquence aimerais-je les voir pour combler mon besoin ?*

- *Quel projet me tient à cœur et que je ne me suis pas encore permis de réaliser ?*

- *Qu'est-ce qui m'en a empêché ?*

- *Est-ce que je me consacre suffisamment de temps ?*

- *Y a-t-il de la place pour l'improvisation et pour la spontanéité dans ma vie ?*

Faites le tour de votre jardin secret et voyez tout ce que vous pouvez vous offrir pour éviter de tomber dans le cercle vicieux de la dépréciation et de la résignation. Misez sur vous. Ayez pleine confiance en vous. Prenez *soin* de vous.

TEMPS D'ARRÊT

Temps d'arrêt, moment de solitude...

Pourquoi ? Quel est le bienfait d'être seul ?

Accepter de se retrouver avec soi, savoir s'écouter, se découvrir et, surtout, s'aimer.

Apprendre à mesurer son implication, comprendre les sentiments que l'on éprouve, reconnaître ses émotions.

S'affirmer en toute liberté, avec respect et sans agressivité.

Qui suis-je ? Et pourquoi suis-je ainsi ?

Difficile de répondre, mais à l'intérieur de chacun de nous se trouvent les outils permettant de faire connaissance avec soi, de débrouiller et de distinguer tout ce qui habite l'âme et le cœur, et nous fait nous sentir bien. Car c'est dans l'âme et le cœur que se cachent les secrets et les émotions profondes inhérentes à notre bonheur.

Lorsque l'on sait utiliser ces outils précieux, tous les chemins s'ouvrent devant nous, sans limites.

C'est à cet instant que l'on devient soi-même, et ce n'est qu'à ce moment-là que le bien-être s'installe en nous.

Une fois que l'on a pris conscience de cet état de bien-être du soi, on n'a envie que d'une chose : faire l'impossible pour le conserver.

Ce temps d'arrêt que l'on se donne permet de se connaître d'une façon efficace, car on ne laisse pas de place aux influences extérieures.

Nos émotions, nos idées prennent tout l'espace dont elles ont besoin. On consent à vivre des émotions inconnues, sans avoir peur d'expérimenter de nouvelles idées.

Si l'on ne pense pas à l'échec, le succès se produira inévitablement.

Il faut être capable de reconnaître ce qui nous perturbe afin d'en saisir l'influence dans nos actions et nos réactions. Lorsque l'on a clairement déterminé et compris les causes, pareille situation ne se reproduira plus.

Ainsi, on évite de tomber dans les pièges et on protège son état de bien-être chèrement acquis.

Faire les constats qui s'imposent

Le rapprochement effectué auprès de nous-mêmes nous oblige, à un moment ou à un autre, à jeter un regard d'appréciation sur la qualité de notre entourage. Nous nous rendons compte que si nous retirons des bénéfices de certaines relations, il en est d'autres qui nous vident de toute notre énergie parce que le courant est à sens unique, ou plus simplement, parce que nous n'y trouvons plus de plaisir. Le fait de ressentir seulement une *obligation morale* à entretenir une relation est un signal que l'on ne doit pas ignorer ; c'est un signe qui ne trompe pas, indiquant qu'il y a sans doute des ponts à couper. Certes, il est difficile de couper des liens même s'ils ne nous sont pas heureux ou fructueux, mais il nous faut aussi garder à l'esprit que toutes les amitiés ne sont pas destinées à durer éternellement, sans compter – il faut bien se l'avouer – que certaines d'entre elles ne sont pas de vraies amitiés.

Néanmoins, la nature humaine étant ce qu'elle est, ces ruptures, dès qu'elles impliquent des liens émotifs avec des proches, sont parmi les plus difficiles à accepter et à faire, toutes nécessaires et inévitables qu'elles soient. Mais quand on en arrive à un point où des gens que l'on aime et avec lesquels on s'entend bien ne comblent plus nos attentes et ne correspondent plus à ce que l'on recherche, c'est la preuve qu'on a profondément changé – il ne serait d'ailleurs pas mauvais, à ce moment-là, de se pencher sur le chemin qu'on a parcouru pour comprendre où l'on en est. Dans nombre de cas, il ne s'agit pas d'une erreur des uns ou des autres, mais vraisemblablement d'une évolution (dans son sens le plus large) différente. Quoi qu'il en soit, certains constats sont très révélateurs et même pénibles à accepter, mais ils sont tous essentiels à la poursuite de notre processus d'évolution personnelle.

Pour s'entourer des bonnes personnes, il faut savoir les reconnaître et prendre le temps d'établir un lien de confiance.

CHAPITRE 3

LE POUVOIR DU PARDON

La notion du pardon est souvent mal comprise, car si l'on retient les sentiments de soulagement et d'apaisement qu'il procure au moment où il s'effectue, on néglige souvent l'impact beaucoup plus important de sa fonction libératrice qui réside dans son pouvoir à faire disparaître les rancœurs. Ce qui n'est pas rien, car il n'y a pas d'émotion plus destructrice et plus pernicieuse que la rancune. En faisant de la vengeance ou de la revanche son pain quotidien, on rumine le passé et on permet en quelque sorte à l'autre d'avoir une emprise sur soi. On alimente également soi-même son agressivité en la déversant à gauche et à droite, pour tout ou rien – même à l'égard de personnes qui n'ont rien à voir avec ce ressentiment –, et on s'attire immanquablement du négatif. Dans une telle perspective, l'on comprendra aisément qu'il n'y ait pas de place pour la sérénité, moins encore pour le bonheur, puisque toutes les pensées et les actions, orientées vers l'objet du mécontentement, entretiennent un sentiment de frustration. Le pardon – parce qu'on doit d'abord pardonner pour soi – permet de se libérer de ces ressentiments et de guérir des plaies qui sont parfois douloureuses, reconnaissons-le.

On peut avoir recours au pardon dans des situations très différentes, mais qui ont toutes un lien avec son désir d'être foncièrement *honnête* par rapport à soi et aux autres. Ainsi, on peut choisir de pardonner, entre autres :

– lorsqu'on est obsédé par une action que l'on a posée et que l'on regrette ;

– lorsqu'on ressent de la culpabilité ;

– lorsque quelqu'un a commis un geste blessant à notre égard ;

– lorsqu'on veut se libérer de l'emprise d'une personne décédée à qui l'on devait des excuses ou qui nous a fait du mal.

Dans des conditions idéales, de nombreux psychologues (comme de nombreux hommes et femmes d'Église d'ailleurs) affirment qu'il est préférable d'accorder ou de demander le pardon en présence de la personne concernée. Toutefois, on peut aussi le faire par l'entremise d'un exercice de recueillement (certains parleront de visualisation). On s'isole alors dans un endroit calme, on prend le temps de se détendre et de s'intérioriser; ensuite, on imagine la personne avec laquelle on veut régler la situation conflictuelle; on s'adresse à elle en verbalisant clairement les sentiments qui nous habitent; puis, on lui demande de nous pardonner le mal qu'on a pu causer ou, à l'inverse, on lui pardonne le mal qu'elle nous a fait. On met fin à l'exercice dans une ambiance harmonieuse, pour que des images heureuses viennent panser les zones endolories et s'y implantent.

L'élément clé de ce moment est bien sûr l'authenticité du geste; afin que le pardon soit véritable et effectif, on doit le *ressentir* suffisamment pour que les intentions de rancœur et les souffrances qui les accompagnent s'éteignent – comme chacun le comprendra, cela ne s'effectue pas d'un coup de baguette magique, mais plutôt petit à petit.

Cela dit, et qu'on le comprenne bien, le pardon ne signifie pas nécessairement que les deux protagonistes deviendront les meilleurs amis du monde et qu'ils se fréquenteront assidûment après avoir reconnu leurs torts. Non, il n'est pas essentiel de se tomber dans les bras l'un de l'autre ou de se donner de grandes tapes dans le dos pour savoir que l'on bénéficie de la clémence de quelqu'un ou pour ressentir qu'on l'accorde. On peut même décider de mettre fin à cette relation.

L'important est de saisir cette occasion pour *aiguiser* sa conscience et de comprendre que les erreurs que nous commettons à l'endroit des autres, tout comme celles que les autres peuvent commettre à notre égard, constituent en soi des enseignements révélateurs. Une fois encore, la foi et la confiance sont sollicitées et font office de piliers dans le processus du pardon.

Bien sûr, la mémoire n'oublie pas ; elle conserve dans ses archives l'événement ou les situations troublantes qui ont amené les conflits et les douleurs, afin de s'en servir comme outils de prévention dans des contextes similaires futurs. Il est d'ailleurs heureux que l'on n'oublie pas, puisque cela permet d'actualiser dans le présent les leçons qu'on retire des erreurs passées. Mais ce sont les personnes – nous ou les autres – et les événements que l'on doit amnistier de tous souvenirs rancuniers ; le fameux détachement du pardon se situe précisément sur ce plan.

Micheline a vécu une relation de couple dont la dernière année a été plutôt houleuse sur le plan émotif. Constamment mise à l'épreuve par l'hypocrisie manipulatrice de son conjoint, elle a dû développer des réflexes de défense pour se protéger et faire cesser l'hémorragie émotionnelle, de même que pour remettre en question certaines valeurs qu'elle avait toujours placées au premier plan.

Reconnaissant l'échec de sa relation, Micheline prépara sa sortie en essayant de ne pas casser plus de pots qu'il n'y en avait déjà, mais elle ne caressa pas moins l'idée d'une sortie dramatique, se voyant jeter au visage de son conjoint les sentiments trop longtemps réprimés. Plus le moment crucial avançait, plus elle sentait l'agressivité monter en elle, et plus elle se rendait compte qu'elle était fatiguée, et devenait irritable même pour les gens étrangers à la situation. Micheline s'accorda alors un moment de répit, dirigeant ses préoccupations vers ses sorties avec ses amis et l'aménagement de son futur appartement.

Durant les quelques jours qui précédèrent son déménagement, la situation avec son conjoint se détériora. Micheline avait encore tout frais à la mémoire les pièges tendus par son mari dans lesquels elle s'était empêtrée, et elle constatait avec dépit que la même situation se reproduisait. Elle laissa donc monter en elle toutes les émotions et, finalement, lâcha prise. Elle avait certes beaucoup appris sur elle-même durant ces quelques jours ; elle voyait que, pendant toute cette relation, sa naïveté, sa vulnérabilité et sa sincérité avaient été déjouées, mises à l'épreuve, mais maintenant, elle était bien décidée à ne plus se laisser prendre au jeu.

Micheline quitta la maison en fermant doucement la porte derrière elle, en n'oubliant pas, certes, mais en pardonnant. Elle se sentit légère, libre et heureuse de continuer à neuf.

Cette leçon profitable, Micheline la doit à la sincérité de son pardon et au lâcher-prise face au ressentiment à l'égard de son ex-conjoint. Si elle s'était entêtée à vouloir lui rendre la monnaie de sa pièce, elle n'aurait jamais eu la disponibilité d'esprit pour comprendre ce qui se passait, encore moins pour saisir la situation comme une occasion d'évolution.

L'amour inconditionnel

L'étincelle de toute motivation, le moteur de tout désir devrait être l'Amour. Je mets un A majuscule, car cet amour dont je parle n'est pas celui qui se limite à l'élan amoureux, mais plutôt l'amour pris dans son sens le plus large et le plus noble : l'amour inconditionnel, sentiment qui nous amène à considérer la vie comme un privilège. Il n'y a rien comme reconnaître que nous sommes choyés de vivre dans un monde aussi riche en enseignements, d'être en contact avec une nature généreuse, d'échanger avec d'autres êtres, hommes et femmes, et de faire ainsi un pas de plus dans notre évolution personnelle. Dès que l'on (se) reconnaît ces possibilités, on est enclin à faire des gestes *d'amour* et désintéressés, dans le seul but de faire le bien. Attention ! Cela ne signifie pas pour autant qu'il faille s'oublier complètement et vivre dans l'abnégation totale. Non, j'entends plutôt par là vivre sans juger les autres, savoir apporter son aide quand elle est requise et se retirer quand il le faut pour laisser l'autre faire son bout de chemin.

L'amour inconditionnel est celui qui fait que l'on aime de prime abord tout le monde, que l'on accepte l'autre comme on devrait s'accepter soi-même, c'est-à-dire comme être humain qui apprend de ses erreurs. Être capable de compassion, de compréhension et d'empathie fait d'un individu quelqu'un de branché sur sa partie divine.

Lorsque l'amour inconditionnel se répand et anime le cœur d'un nombre grandissant de gens, l'*énergie* se propage ; et plus les individus pratiquent l'amour inconditionnel, plus les malheurs personnels et les troubles sociaux s'amenuisent et moins il y a d'événements conflictuels. On n'a qu'à garder à l'esprit les mouvements de solidarité qui naissent lors des grandes catastrophes : tout un chacun multiplie les efforts pour aider son prochain, et cela, dans le plus grand désintéressement. Ce genre d'appui, cette entraide, ce désir spontané de faire du bien à autrui émerge de ce que je qualifie justement d'amour universel, et auquel on pourrait rattacher cette phrase de Jésus : *Aime ton prochain comme toi-même.* Dans ce genre d'action, la motivation n'a pas comme source les intérêts personnels, mais la seule envie de contribuer au soulagement des souffrances de ses semblables, même si ce sont des inconnus.

L'empathie est un outil merveilleux pour se brancher sur l'amour inconditionnel et le respect des autres. Quand on est en présence de quelqu'un qui cherche à nous mettre au pied du mur, l'on devrait s'arrêter un moment et se demander : *si j'étais à la place de cette personne, comment je voudrais que les autres réagissent ? de quelle façon j'aimerais qu'on intervienne auprès de moi ? qu'est-ce que je ressentirais ?* Cette transposition des rôles permet d'avoir le point de vue opposé, de faire preuve de plus de compassion et de nous remettre sur les traces de l'amour inconditionnel, plutôt que de nous laisser aller à juger ou à accuser.

Seul l'amour universel permet aux individus et, par extension, aux sociétés, de se relever, de se valoriser et de regagner leur estime, d'acquérir plus de confiance et d'autonomie, et de cesser de se voir comme des êtres dépendants des structures établies. Ne perdons pas de vue que ces systèmes ont été instaurés par des humains et qu'ils peuvent aussi être changés par des humains...

CHAPITRE 4

GARNIR SA BOÎTE À OUTILS

Avant d'entreprendre des travaux de rénovation dans sa maison, on s'assure de faire affaire avec des spécialistes compétents ou, si on rénove soi-même, on veille à la qualité de tous les matériaux et on se procure tous les outils dont on aura besoin. La restauration de l'âme nécessite les mêmes précautions et la même bienveillance. Avec des matériaux de base comme la sincérité et l'humilité, on garantit la durabilité des fondations sur lesquelles on peut ériger la structure correspondant à ses aspirations. Toutefois, le choix des outils et la méticulosité démontrée pendant la réalisation du travail jouent un rôle prépondérant dans la qualité du résultat.

L'écoute et l'observation

Il n'y a rien de tel que l'écoute et l'observation pour savoir tout de suite à qui l'on a affaire, pour détecter le niveau de sincérité et d'intégrité d'une personne. Quand on se met en mode d'écoute ou d'observation, on est à même de percevoir l'essence des propos de son interlocuteur, de mesurer la teneur de ses dires et d'en vérifier la cohésion. Avec un minimum d'attention faisant appel à l'un de ces deux sens, on arrive vite à repérer les *beaux parleurs*, ceux qui ramènent constamment la conversation à eux-mêmes, qui prennent sans relâche le devant de la scène et qui parlent fort, qui interrompent sans vergogne les autres, ou encore qui emploient un vocabulaire élaboré dans le seul but d'épater la galerie. Avec ce type d'interlocuteur, malheureusement, la communication est à sens unique, sans possibilité d'échange réel.

Par ailleurs, l'absence d'écoute et d'observation de la part de l'autre peut aussi parfois se traduire par une incohérence flagrante entre ses croyances et ses agissements ou ses paroles, ce qui constitue un manque de respect envers soi-même comme envers autrui. Cette incongruité met en relief certaines lacunes concernant les capacités introspectives et autoanalytiques d'une personne.

L'écoute et l'observation constituent donc des qualités inhérentes à la sincérité et à l'humilité, on ne s'en sort pas ! Elles obligent à faire une place à l'autre, à l'accueillir, à tenir compte de son vécu et de son *histoire*, et à s'en servir comme un miroir ; car tout en étant destinées à d'autres, certaines réponses validées par quelque événement peuvent également s'adresser à nous-mêmes. Dans ce sens, l'écoute et l'observation aident indubitablement à faire progresser l'individu en pleine recherche et en évolution. À mesure qu'on apprend à les utiliser, elles permettent aussi de capter des messages, de détecter des indices qui confirment ou infirment le bien-fondé des démarches entreprises et des directions choisies ; c'est ce qu'on appelle les *coïncidences intelligentes*.

Mais, que sont-elles vraiment, ces coïncidences intelligentes ? En résumant au plus simple, on peut dire qu'il s'agit de ces moments où se produisent de curieux hasards qui viennent simplifier la réalisation d'un projet, ou, au contraire, le compliquer, voire le faire échouer. Souvent, on ne comprend pas trop pourquoi ces coups de pouce providentiels ou ces ennuis inattendus surviennent. Pourtant, l'essence de leur message est très claire : si *le fait du hasard* est positif, c'est que nous sommes en train de concrétiser quelque chose qui s'inscrit dans la suite logique de son cheminement, de sa destinée ; si *le fait du hasard* est négatif, il y a tout lieu de s'interroger sur la façon dont on s'y prend pour la réaliser, voire sur sa finalité. Seules l'observation et l'écoute permettent d'analyser et de comprendre les séries d'événements – les malchances, les obstacles ou les conjonctures favorables – qui font qu'on obtient un résultat X et ainsi de reconnaître les coïncidences intelligentes.

Jean et Lise, un couple d'amis, voulaient s'acheter un chien, et ils avaient décidé de faire affaire avec un refuge d'animaux abandonnés. Lorsque Jean téléphona, il se trompa de numéro. En fait, il avait composé le numéro de téléphone de son hôtel de ville. Expliquant la méprise à la réceptionniste, celle-ci lui dit d'attendre un moment parce que, curieusement, elle avait justement sur son bureau la carte professionnelle de l'organisme qu'il cherchait à joindre. Surprise elle-même par ce drôle de hasard – ne sachant pas trop comment cette carte s'était retrouvée là –, elle transmit les coordonnées à Jean, qui, avant même de pouvoir communiquer avec le refuge, reçut l'appel d'un ami qui lui offrait un chiot! Et depuis, Rafi, car tel est son nom, fait partie de la famille! La manière dont les événements se sont déroulés semblait ainsi confirmer le bien-fondé du désir de Jean et de Lise.

On peut aussi reconnaître des coïncidences intelligentes dans la rencontre improvisée avec quelqu'un, dans le contenu d'une émission de télévision, dans une blague lancée à la volée, dans une phrase clé lue dans le journal, dans un rendez-vous raté, même dans un malaise récurrent. Les coïncidences les plus inattendues et les plus fortuites sont souvent celles qui seront les plus déterminantes et les plus influentes. Mais si l'on n'a pas l'écoute ni l'observation, on ne peut pas voir les coïncidences intelligentes et en mesurer leur portée.

Tenez ! Faites cet exercice. Retournez dans le passé et cherchez la réalisation d'événements récents, essayez de vous rappeler comment les choses se sont passées exactement, tentez de voir s'il n'y avait pas là les signes de l'énergie universelle dans certaines coïncidences intelligentes, dont vous auriez pu bénéficier.

La relaxation

De la consultation individuelle avec un psychologue ou un psychiatre, en passant par les sessions de groupe, les avenues un peu plus marginales comme les rencontres avec un médium ou un voyant, sans oublier la lecture de livres abordant le sujet, les moyens pour renouer avec soi sont aussi nombreux qu'il existe de personnes lancées dans cette quête ; ils sont également aussi nombreux que variés, et parfois même bien controversés, il faut le reconnaître. Cela dit, l'outil dont chacun s'accorde à vanter les mérites quasi à l'unanimité consiste à se pencher doucement sur son univers intérieur par la relaxation, car lorsque l'on se lance dans un tel processus, il est effectivement important de s'accorder un tel moment de répit.

Apprendre à se détendre pour prendre contact avec son corps constitue, de fait, une étape capitale et beaucoup plus importante qu'il n'y paraît à première vue (attention de ne pas confondre relaxation et méditation). On ne peut éviter cette première étape, car la détente est l'outil qui permet au corps de relâcher ses raideurs, de faire fondre ses résistances et de dénouer les engorgements, et cela, aussi bien sur le plan mental que physique. Ce moment d'abandon physique aide à sentir la ou les zones vulnérables où se réfugient les tensions inavouées qui perturbent notre cheminement ; il aide à les cerner, à les calmer et, éventuellement, à les guérir.

Il existe une pléthore de techniques de relaxation permettant d'atteindre un état de paix physique, et les plus simples sont souvent les meilleures. Mais il y a un élément auquel il faut prêter une attention particulière ; c'est que, contrairement à ce qui est suggéré dans la plupart des techniques de relaxation, la sensation recherchée n'est pas la lourdeur, l'impression d'*enfoncement dans le plancher*, mais plutôt une impression de légèreté et de chaleur qui donne envie de s'envoler et de se libérer de sa coquille. Par ailleurs, ce sentiment d'apesanteur apprivoise le corps et le prépare à d'éventuelles expériences qui exigent un certain niveau de détachement.

Voici un exemple.

Exercice

– Installez-vous confortablement en position couchée ou assise – les yeux fermés, les bras le long du corps et les jambes légèrement écartées –, dans une pièce ou un lieu calme que vous appréciez ;

- prenez trois respirations profondes consécutives par le nez ; inspirez de façon à remplir d'abord la poitrine, puis la cage thoracique et enfin le ventre ; expirez doucement en dégonflant le ventre, la cage thoracique et la poitrine ;

- portez votre attention à vos pieds, de façon à en ressentir une impression de légèreté, puis une sensation de chaleur, un doux réchauffement ;

- faites monter le sentiment de légèreté et de chaleur lentement dans les jambes ; sentez graduellement vos chevilles, vos mollets, vos genoux et vos cuisses délassés, réchauffés et légers ;

- amenez le flot de chaleur et de légèreté dans le bas du dos et dans l'abdomen, tout en déliant les hanches ;

- continuez l'ascension vers la poitrine, en reposant les côtes et tous les organes internes qu'elle renferme ; laissez pénétrer la douce chaleur et l'effet de légèreté ;

- faites circuler l'énergie calmante dans les bras jusqu'au bout des doigts ;

- sillonnez le cou et faites glisser le long de chaque vertèbre cervicale la chaleur légère ;

- comme une caresse sur le visage, promenez le souffle léger et chaud du repos vers la mâchoire, les lèvres, les paupières, les sourcils et le front ;

- sentez la tête s'inonder de chaleur et devenir légère comme une plume ;

- profitez de ce moment (qui peut durer 10 ou 15 minutes) alors que l'enveloppe corporelle s'imprègne de chaleur, s'allège et se régénère ;

- juste avant de sortir de cet état, prenez quelques secondes pour remercier ce corps qui vous permet de réaliser tout ce que vous faites et qui accepte de faire tout ce qu'on lui impose ; il vous en sera reconnaissant en vous servant encore plus efficacement ;

- reprenez conscience de votre environnement physique en réanimant le corps gentiment, sans mouvements brusques ; faites circuler cette énergie comme un courant dans toutes les parties du corps et ressentez les impressions de légèreté et de chaleur qui vous habitent.

Certains préféreront se relaxer avec une musique d'ambiance douce, d'autres privilégieront le silence ; certains aimeront l'éclairage feutré d'une bougie, d'autres ne se sentiront à l'aise que dans l'obscurité. L'essentiel, c'est de se retirer dans un endroit où l'on ne sera pas dérangé, où l'on se sent bien, en sécurité, prêt à s'abandonner – en prenant son bain, dans le lit avant de s'endormir sont autant de suggestions possibles.

L'approche de relaxation préconisée par le yoga constitue aussi une excellente façon d'atteindre un bon niveau de détente. En plus de permettre au corps de se délier, les techniques de respiration et les exercices physiques conduisent la conscience à l'intérieur de l'être. La pratique du yoga crée un rapprochement avec soi-même, car elle est de ces pratiques qui mettent en évidence le lien qui prévaut entre le respect du corps, de l'enveloppe corporelle, et l'équilibre mental – c'est une corde de plus à l'arc de celui ou celle qui veut prendre soin de sa personne. Les effets bienfaisants se font sentir rapidement chez les débutants et ne cessent de se manifester chez les adeptes de longue date.

L'état méditatif

L'état méditatif est un autre concept assez mal compris, parfois galvaudé et un peu employé à toutes les sauces. Pour remettre les pendules à l'heure, on peut se rapporter à la définition de base du *Petit Robert* qui décrit la méditation comme étant une réflexion profonde. À partir de là, on peut également ajouter que cet état est une forme de recueillement ayant plusieurs buts possibles.

Concrètement, l'état méditatif permet d'équilibrer le rythme cardiaque, de développer la vivacité intellectuelle, d'aiguiser l'acuité des sens ; la perception sensorielle s'en trouve donc grandement accrue. L'agressivité, l'irritabilité et les tendances dépressives s'atténuent de façon substantielle pour céder la place à une plus grande résistance émotive, à une meilleure efficacité, à plus de confiance en soi menant à un désir de sociabilité plus simple et spontané.

57

Amené par la détente, l'état méditatif incite merveilleusement bien à l'introspection et au questionnement intérieur parce qu'il est une sorte de scanner de l'âme, la faisant se mettre à nu, nous permettant de la scruter et de l'explorer sous tous ses angles. Nous voilà donc en excellente position pour faire le point sur certains sentiments, pour chercher des réponses et pour induire de nouvelles pensées dans le subconscient qui, lui, réagit à la moindre inflexion intuitive, à la plus petite inspiration divine, et qui répond à la plus inoffensive des demandes.

De fait, cela signifie également qu'après avoir atteint un bon degré de détente, on peut accéder à l'état méditatif. L'enveloppe corporelle étant parcourue par un halo de chaleur et de légèreté, elle accroît son champ énergétique (par rapport à ce qu'elle dégage normalement dans le déroulement de ses activités quotidiennes) ; on dit qu'elle augmente son champ vibratoire, qui se rapproche ainsi du diapason vibratoire de l'énergie universelle. Il est important de se conscientiser à cette notion de champ énergétique ou de champ vibratoire et de retenir à quel phénomène elle se rapporte parce qu'elle servira à accéder à d'autres niveaux d'expérimentation comme l'autosuggestion, la visualisation, le travail avec les couleurs, les chakras, la rencontre avec son guide spirituel, etc.

À ce stade-ci, il est possible de se suggérer un thème, une idée de départ, ou de poser carrément une question à son subconscient, selon le sujet sur lequel on veut s'attarder.

Au début, il est préférable de procéder avec des affirmations simples comme celles suggérées ci-dessous :

Je suis (dites votre prénom), *un être entier et en harmonie avec l'univers;*

À partir d'aujourd'hui, j'élimine l'échec de mon quotidien;

Je suis une personne forte;

Je m'aime, je me respecte et je m'accepte tel que je suis;

J'ai confiance en moi;

Je détiens la clé de mon propre bonheur et de ma propre réussite;

Je suis libéré de toutes mes angoisses;

Je ne fais que ce qui est bon pour moi.

On introduit la pensée, on se laisse imprégner par la signification du message et on lui cède la place. Il peut arriver que des images soient évoquées intérieurement ; il faut alors les observer calmement. Il se peut aussi que des réactions émotives se manifestent ; on se permet alors de les exprimer sans retenue, qu'il s'agisse de joie, de peine, de colère, de peur, de culpabilité, etc. Il importe de se permettre de ressentir ces remuements intérieurs, de reconnaître ce qui affecte l'âme intrinsèquement. Loin d'être anodins, ces indices sont d'une pertinence pouvant apporter un éclairage nouveau sur la conception que l'on a de soi – ce qui, pour certaines personnes manquant de confiance en elles-mêmes, se résume malheureusement à ce qu'on leur a dit d'elles et non à ce qu'elles pensent d'elles.

En insérant cette pratique dans ses habitudes de vie, on sollicite ainsi la participation active du subconscient qui, on le sait, recèle de pouvoirs immenses, et on s'ouvre à une dimension jusqu'alors inconnue de son être. On bâtit sa confiance en imprimant ses désirs, en affirmant sa détermination, en programmant sa pensée de manière qu'elle fasse son chemin vers les occasions qui lui permettront de se concrétiser. Absolument tout ce que l'on induit dans le subconscient finit par prendre forme dans la réalité. De là l'importance d'utiliser des affirmations dont le contenu est essentiellement positif, si l'on tient à ce que les résultats le soient. Et c'est pourquoi nous ne devons pas craindre non plus de créer de nouvelles affirmations dont le contenu reflétera exactement nos désirs les plus profonds.

À un stade un peu plus avancé, on peut aussi se servir de l'état méditatif pour partir à la recherche d'une réponse dans son passé. Cette investigation permet d'éliminer le ressenti négatif ou la douleur emprisonnée dans un des replis secrets de l'être. Tant qu'il n'est pas reconnu et évacué, ce ressenti négatif draine la personne et la porte à reproduire les mêmes erreurs, à tomber irrémédiablement dans le même panneau.

Quand nous nous apercevons que ça va mal, quand nous avons le sentiment que la vie est ennuyante, nous avons le choix de continuer à tourner en rond avec ceux qui charrient des valeurs qui peuvent s'avérer néfastes pour nous, mais nous pouvons également décider de couper les liens et de trouver la voie qui nous convient. Pour effectuer ce revirement de situation, le détachement avec l'environnement (négatif) s'impose. Parfois, les gens du cercle familial ou amical avec lesquels nous avons les liens les plus serrés sont paradoxalement ceux desquels il est impérieux de nous détacher. En même temps, ces fibres affectives tissées depuis notre enfance sont assurément les plus difficiles à délier. Il est important de prendre conscience que, comme adultes, nous avons droit à nos propres valeurs et à nos propres réalisations. Nous n'appartenons plus à personne et nous ne devons rendre de comptes qu'à nous-mêmes; nous ne sommes plus la petite fille de notre mère ou le petit gars de notre père. Nous sommes des êtres entiers et, à ce titre, nous devons entretenir des rapports respectueux d'adulte à adulte; la nature de ces liens doit être claire et comprise par toutes les personnes concernées, sinon les relations sont faussées et superficielles, le rapport d'autorité (avec le père ou la mère) ou de séduction (l'envie de plaire aux parents, aux amis, au conjoint) qui subsiste anéantit les vrais désirs.

Ce genre d'attitude est d'ailleurs basé sur une très mauvaise conception de ce qu'est la façon d'aimer. Quand, pour s'attirer l'amour et l'estime des autres, on est prêt à toujours s'oublier, à se sacrifier, à faire systématiquement le don de soi, on tombe dans la démesure de la dépendance qui ne garantit pas le juste retour auquel on pense être en droit de s'attendre. En effet, plus souvent qu'autrement, ce type insidieux de lien affectif envahit littéralement la personne qui reçoit ; cela l'*assomme* et lui enlève toute envie de rendre la pareille de peur d'être complètement submergée à nouveau.

Ne pas reconnaître que nos agissements nuisent aux autres sous prétexte qu'on les « aime » n'est pas une bonne façon d'aimer (*c'est pour son bien que je fais cela !*, ça vous dit quelque chose ?) ; donner la lune en s'attendant de recevoir l'équivalent n'est pas une bonne façon d'aimer non plus ! Quand on effectue un changement de comportement, invariablement, l'entourage se modifie. Les bouffeurs d'énergie, qui alors ne peuvent plus s'alimenter à même la vôtre, s'éloignent et vous permettent de garder une certaine distance, ou disparaissent carrément dans la brume. Il est alors justifié de se demander si ces gens étaient de vrais amis...

On peut amorcer ce genre de détachement viscéral et, souvent, tiraillant par l'état méditatif et le mener à bien dans un climat harmonieux. En effectuant d'abord un travail personnel que nous pourrions qualifier de préparatoire, nous éliminons bon nombre de frustrations qui seraient susceptibles de surgir et de causer des affrontements agressifs avec la personne visée, absorbant toute notre énergie. On peut procéder en nous posant une question ayant un lien avec le sentiment qui nous empoisonne l'existence ou sur l'événement qui se perpétue inlassablement et auquel on veut mettre un terme. Habituellement, les réponses fondamentales gravitent autour des thèmes suivants :

Enfant, me suis-je senti aimé ? Et pourquoi ?

Quel est le plus beau (ou le pire) souvenir de mon enfance?

Quelle sorte d'enfant étais-je?

Quelle est la chose la plus blessante que ma mère m'ait dite?

Quelles sont les paroles que j'aimerais le plus entendre de la bouche de mon père?

De quoi ai-je peur?

Une impression de déjà vu? Ces questions vous semblent probablement des clichés, mais il n'en reste pas moins qu'elles constituent la matière première de toute réflexion. Tout le monde connaît ces questions, mais combien de gens prennent vraiment le temps d'y répondre?

Au fur et à mesure que la demande se faufile dans le champ énergétique, plus perméable, elle touche les zones fragiles et sensibles, et ravive les souvenirs émotifs qui s'y rattachent. Les remous qui s'ensuivent les font revenir à la surface, et la conscience les reconnaît. C'est à ce moment crucial qu'on peut éprouver une peine intense, de la culpabilité, de la peur, de la colère et qu'il faut se donner la permission de la ressentir et de l'exprimer. Après, on est envahi par un grand soulagement, et tout devient tellement clair, l'explication à nos interrogations est si limpide, si évidente. Le doute et l'incertitude s'éteignent. La confiance se renforce et se répercute dans les faits et gestes qui ne peuvent passer inaperçus aux yeux de l'entourage.

L'harmonie et le calme que l'on dégage alors parlent d'eux-mêmes et désamorcent toute envie de justification envers qui que ce soit. Tout naturellement, les personnes ayant une influence négative n'interviennent plus dans nos prises de décision et s'effacent peu à peu parce qu'on leur fait sentir qu'elles n'ont plus d'emprise sur nous.

Il se peut aussi que l'on ne réagisse pas émotivement pendant l'état méditatif; cela peut être attribuable à une forte résistance inconsciente ou à l'absence de sentiment face à la question. Dans le premier cas, il faut persévérer et se laisser apprivoiser doucement en acceptant de briser ce mur érigé depuis longtemps – il faut beaucoup de courage pour consentir à exposer sa vulnérabilité et à revivre ses douleurs; le temps, la patience et le respect sont nos principaux alliés dans cette étape cruciale de débroussaillage. Dans le deuxième cas, on ne se pose donc pas la bonne question et on doit tout simplement réorienter sa requête pour arriver à déterminer et à toucher le point sensible.

Au début, donc, l'atteinte de cet état méditatif peut sembler ardue, car elle exige un travail fidèle, régulier et profond pour faire le *grand ménage* intérieur, pour se débarrasser de la lourdeur des souvenirs négatifs et encombrants. Une fois la cure de désintoxication émotive terminée, cet état modifié de conscience s'atteint plus aisément et devient un moment agréable dont on peut difficilement se passer. En fait, il devient souvent un besoin que l'on intègre tout naturellement dans sa vie de tous les jours, comme on le fait pour son entraînement physique ou pour ses activités sociales. Plus nous sommes libérés de ce qui nous pèse, plus nous sommes sereins, légers, plus la vie coule d'elle-même dans la réalité quotidienne et plus nous atteignons un niveau vibratoire élevé quand arrive ce moment méditatif.

Pour ce qui est du cheminement global, l'atteinte de l'état méditatif devient davantage un outil servant à se régénérer, à s'accorder un moment de bien-être sans s'imposer de travail spécifique.

La visualisation

Si la relaxation vise le repos du corps, que l'état méditatif permet de se libérer de certaines entraves émotives, la visualisation, elle, permet de se projeter dans une situation donnée.

Par la visualisation, nous pouvons nous imaginer en train de réaliser un but qui nous tient à cœur et l'enregistrer dans notre subconscient, lequel mettra tout en œuvre, avec la complicité des énergies universelles, pour assurer sa concrétisation. Ne l'oublions pas, le subconscient accepte absolument tout ce que nous lui proposons, le positif et le négatif, car il n'a pas cette faculté de discernement qui guide notre conscient ; en fait, tout comme un bon soldat, il obéit aux impératifs de la conscience et de tout ce qui forge nos croyances. C'est à nous de diriger nos pensées et nos affirmations dans la voie du positivisme et de l'optimisme.

La visualisation est un outil très puissant utilisé dans plusieurs domaines. D'ailleurs, une multitude d'athlètes et d'artistes connus, de haut niveau, ont recours à cette technique pour améliorer leur performance et atteindre leur but ultime, soit la médaille d'or ou l'ovation. De même, certaines personnes victimes de malaises ou de maladies parviennent, avec l'aide d'un thérapeute, à surmonter et à faire régresser presque miraculeusement leur mal par la visualisation.

Prenons un exemple particulier. Dans la section consacrée à l'état méditatif, nous abordions la difficulté que représente le détachement d'avec ses proches par une approche plus personnelle du problème, c'est-à-dire en s'interrogeant soi-même. En visualisation, on peut franchir une autre étape en interpellant la personne concernée.

Supposons que, dans le cadre d'un état méditatif antérieur, vous avez exploré l'essence de la question *Quelles sont les paroles que j'aimerais le plus entendre de la bouche de mon père?* En vous inspirant des réponses que vous avez obtenues lors de ce moment de réflexion profonde, visualisez maintenant votre père et posez-lui la question ; demandez-lui pourquoi il ne vous a jamais dit ceci ou cela. Dites-lui que vous ne voulez plus avoir à vous justifier, que vous n'avez plus besoin qu'il acquiesce à vos décisions. Dites-lui ce que vous ressentez, ce que vous voulez qu'il sache. Ne voyez plus la petite fille ou le petit garçon qui demande la permission à son père ou qui agit pour lui faire plaisir, mais voyez-vous plutôt comme une personne adulte solide et franche. Puis, imaginez votre père en train de vous dire ce que vous désirez tant entendre et remerciez-le. Terminez la visualisation dans l'harmonie, dans la sérénité. Vous pouvez vous voir faire une promenade seul ou avec votre père dans un endroit que vous affectionnez plus particulièrement, ou encore, vous pouvez simplement serrer votre père dans vos bras, l'embrasser et le saluer en souriant.

En séance de visualisation, il ne faut pas avoir peur de poser des questions précises. Par exemple, si vous êtes en réorientation professionnelle et que vous hésitez entre deux ou trois possibilités, faites un petit travail de visualisation. Demandez carrément *Quel domaine professionnel me comblerait le mieux?* Laissez monter les images, le ressenti ou les symboles. Dans les heures et les jours qui vont suivre, soyez à l'affût des événements et mettez votre sens de l'observation en avant-plan. Portez une attention particulière aux gens que vous rencontrez, aux messages que vous entendez, aux appels téléphoniques que vous recevez, aux rêves que vous faites. Des signes aussi inattendus qu'inouïs peuvent survenir.

Admettons que les deux domaines qui vous intéressent sont le droit et le marketing. Le lendemain de votre exercice de visualisation, vous recevez l'appel de quelqu'un voulant parler à son avocat, mais qui, vraisemblablement, s'est trompé de numéro ou vous trouvez la carte professionnelle d'un avocat sur le trottoir, ou encore, au cours d'une soirée entre amis, quelqu'un vous présente une personne qui, justement, est avocate. Voilà autant de signes qu'il faut apprendre à reconnaître, autant de coïncidences intelligentes permettant de vous éclairer et de renchérir votre choix.

Un aspect très important de la visualisation est la conclusion de l'exercice.

Il est préférable de toujours terminer la visualisation dans une ambiance positive et harmonieuse. De même, après une séance méditative plutôt douloureuse qui a exigé un travail harassant, il est essentiel de se réénergiser dans la quiétude d'un contexte agréable. Imaginez-vous dans un lieu paradisiaque : couché dans le gazon sous un ciel ensoleillé ou étoilé, sur un lac tranquille, au bord de la mer, près d'une chute vivifiante, enfin à un endroit où vous vous sentez parfaitement bien. Prenez contact avec les éléments de la nature qui vous entourent. Si vous êtes près d'une chute, ressentez sa force, son énergie rutilante, approchez-vous d'elle, entrez en elle et devenez un pli de son rideau. Lavez vos plaies, imprégnez-vous de sa vigueur. Revenez vous sécher sous le soleil ; vous êtes resplendissant, tonifié, dynamique et prêt à revenir dans la réalité heureuse qu'est la vôtre.

Peu importe l'endroit que vous avez choisi, laissez-vous pénétrer par la musique des bruits, les couleurs, les parfums, bref, tout ce qui fait appel à vos sens. Nourrissez-vous de la sève, absorbez autant de chaleur que possible, tirez le maximum de ce lieu céleste. Partagez cette énergie nouvelle, faites-en profiter les gens autour de vous, ils ne pourront que vous le rendre !

Puisque chaque situation vécue est la conséquence directe d'une pensée équivalente, il ne faut
pas craindre de viser l'abondance, le bonheur, la
santé et l'épanouissement. Toute la richesse et tous
les plaisirs du monde sont à notre disposition ; il suffit d'y croire et de semer les idées qui les rendront
accessibles.

La visualisation permet de faire un grand pas en
avant car, en se projetant dans la situation rêvée,
c'est comme si on lui permettait d'imprimer le mode
d'emploi pour atteindre ce but, c'est comme si elle
nous faisait faire une répétition pour être prêt le jour
de la grande première.

Ainsi donc, notre boîte à outils contient les instruments de base essentiels pour prendre le chemin
qui mène à soi et pour entamer un processus de
guérison de l'âme.

RELAXATION

—

ÉTAT MÉDITATIF

—

VISUALISATION

—

FAITS ET GESTES QUOTIDIENS

CHAPITRE 5

LES PREMIERS PAS SUR LE CHEMIN QUI MÈNE À SOI

La prise de conscience faite intellectuellement et les outils bien en main, il est temps de jeter les ponts avec les faits et gestes quotidiens et de faire en sorte que la pensée et l'action forment un tout cohérent et interdépendant.

Établir ses propres lois

L'ébauche de nouvelles lois s'impose donc. La définition de nouvelles règles de vie fondées sur des buts permettant la réalisation personnelle dans le sens de l'accomplissement de ses talents est essentielle. Et, une fois cela fait, il faudra passer à l'affirmation de soi par des valeurs qui apparaissent désormais incontournables pour l'atteinte de ses objectifs.

Les nouveaux énoncés doivent donc être réalistes et en correspondance avec son potentiel et ses capacités; il est aussi vain qu'improductif de se fixer des buts qui exigent au-delà de ce qu'il nous est possible de donner. Une surenchère de son niveau de performance se transformerait rapidement en stress, véritable poison du processus évolutif, que l'on veut, au contraire, basé sur le respect et l'amour de soi.

Dans tout ce que nous entreprenons, il faut aussi prendre le temps d'évaluer si notre implication sera entière ou non, si l'intérêt est bien réel. Quand l'intérêt est total, il devient une source motrice qui s'autoalimente et qui fournit l'énergie nécessaire à réaliser de grandes choses sans que nous ayons l'impression de nous demander beaucoup.

Nos nouvelles lois doivent inclure en priorité un volet faisant davantage place à notre propre personne. Penser en fonction de soi d'abord, voilà qui semble pourtant aller à l'encontre de l'enseignement religieux catholique de jadis – et de quantité d'autres – qui prônait l'abnégation et qui condamnait l'amour-propre. Mais comment peut-on prétendre offrir ce que l'on a de meilleur si l'on n'est pas nourri soi-même? Penser à soi d'abord pour mieux être en mesure de partager ensuite est loin d'être égoïste. Savoir aider et donner sans se vider, sans se saigner à blanc et courir à sa propre perte est plutôt un choix de vie raisonnable, juste et lucide. Avoir droit à son émancipation est élémentaire et légitime.

Une fois qu'on a intégré ces principes, une fois qu'on a cerné ses priorités personnelles, on s'applique à les mettre en pratique sans craindre les changements qui se produiront. Car tant qu'on présente une résistance quelconque à vouloir se débarrasser de vieux comportements inadéquats, à couper des liens dont on ne retire aucune satisfaction ou aucun bienfait, tant qu'on ne se libère pas de tout ce qui pèse sur sa conscience, de ce qui entretient les reproches, on accepte les conditions de la détresse et de la malchance qui s'ensuit.

Exemples d'énoncés de nouvelles lois

Voici quelques suggestions d'énoncés de lois sur lesquelles vous pouvez vous baser pour bâtir les vôtres.

– *Je suis moi-même et je ne cherche pas à être quelqu'un d'autre.*

– *Je prends conscience de ce que je fais et de ce que je dis.*

– *Je me donne un but dans la vie et des objectifs réalistes. J'accepte mes limites avec humilité.*

– *J'assume les conséquences de tout ce qui est nécessaire à mon évolution.*

– *Je n'accumule aucun tracas, quel qu'il soit, et je supprime cette source d'angoisse.*

– *Toutes mes décisions sont prises d'une façon positive et en harmonie avec moi-même.*

– *Je fais confiance à mon subconscient qui va puiser dans l'énergie universelle tout ce qui convient à mon évolution personnelle.*

– *Je pardonne à moi-même ainsi qu'aux autres tout ce qui a pu me blesser et me nuire depuis ma conception jusqu'à ce jour.*

– *L'amour et le bien-être guident mes pas, et font de moi un être libre.*

– *En me respectant et en m'aimant, je peux respecter et aimer mon prochain.*

Il n'en tient qu'à vous de vous approprier ces quelques lois ou d'en changer la formulation, de manière qu'elles correspondent à des préoccupations et à des aspirations plus précises et plus près de votre réalité. Vous constaterez que le seul fait d'écrire et de définir les prémisses de vos propres convictions les rendent plus concrètes et plus facilement transposables dans vos agissements. Elles s'immisceront subtilement, pour ensuite devenir partie intégrante de votre façon de voir la vie, de la comprendre et de réaliser votre dessein.

Exercices de renforcement des nouvelles lois

Pour favoriser l'incorporation, la fusion de ces nouvelles lois auxquelles on adhère et que l'on veut faire siennes avec l'aide de son esprit, on peut s'adonner à des exercices de renforcement efficaces, à la fois simples et exigeants. Simples parce qu'ils ne demandent que peu de temps, mais exigeants parce qu'ils réclament beaucoup de volonté, une grande implication personnelle et une honnêteté sans équivoque.

La journée thématique

L'exercice de la journée thématique permet de faire un lien entre la théorie et la pratique. Il s'agit de choisir, en commençant la journée, une de nos nouvelles lois et d'en faire le thème du jour. En mettant ses sens de l'écoute et de l'observation en action, on porte une attention spéciale à tout ce qui se passe et à la manière dont tout se déroule par rapport à la loi mise de l'avant en début de journée. Puis, le soir venu, on fait un bilan ; on est alors à même de constater dans quelle mesure on a agi de façon cohérente ou de quelle manière on aurait pu intervenir en fidélité au message de la phrase clé. Ces constatations permettent de saisir la portée réelle de nos choix et de l'effort que l'intégration de nouvelles règles de vie nécessite.

Cet exercice aide à se bâtir une confiance par rapport à ses lois parce qu'il met en place des points de repère très concrets par lesquels on peut vérifier sans difficulté si on est en harmonie ou non avec celles-ci.

Extraits du journal intime d'une personne ayant décidé de faire une semaine thématique dans le but de vérifier le fondement de ses lois et de les mettre en pratique, voici les résultats qu'elle a obtenus et les constats qu'elle a pu en tirer. Vous constaterez qu'il ne faut pas chercher de midi à quatorze heures et que les réponses se trouvent dans les plus petites choses, dans les événements les plus simplets.

JOUR 1

JE N'ACCUMULE AUCUN TRACAS, QUEL QU'IL SOIT, ET JE SUPPRIME CETTE SOURCE D'ANGOISSE.

La journée débute dans la gaieté. Sachant et croyant qu'aucun problème ne me résistera, je ne génère pas d'angoisse inutile. J'apprécie pleinement ce jour qui s'offre à moi et j'ai l'assurance d'un gardien de but qui sait que pas une rondelle n'entrera dans son filet.

J'ai annulé un souper planifié depuis une semaine avec une amie parce que je ne ressentais pas de plaisir à l'idée de cette rencontre. J'ai donc appelé ma copine en lui disant tout simplement que je n'étais pas disponible sans donner mille et une justifications. À ma grande surprise, la conversation s'est déroulée sur le ton de la rigolade, et mon amie n'était pas du tout déçue de la tournure des événements; même qu'elle m'a avoué s'y attendre un peu. Nous en avons profité pour échanger les dernières nouvelles et nous avons décidé de nous voir un peu plus tard. Pas d'animosité, pas de regret, pas d'angoisse! Si j'avais forcé la note et si je m'étais obligé à la rencontrer malgré mon manque d'intérêt, nous aurions probablement passé une soirée exécrable, nous aurions senti que nous nous faisions perdre notre temps mutuellement, et notre rendez-vous n'aurait pas servi notre amitié.

JOUR 2

JE ME DONNE UN BUT DANS LA VIE ET DES OBJECTIFS RÉALISTES. J'ACCEPTE MES LIMITES AVEC HUMILITÉ.

Je ne suis pas très en forme ce matin, mais je sais qu'il y a des choses précises que je me dois de réaliser au travail; je ne peux y échapper, car j'ai déjà trop tardé et je ne peux plus reculer l'échéance. Je me suis donc donné comme objectif d'accomplir ces deux tâches qui m'incombent. De plus, je sais aussi que je me dois de payer trois comptes que j'ai laissé traîner; je projette donc d'aller les régler sur l'heure du dîner. Mais voilà que, pendant la matinée, je reçois une invitation pour aller luncher avec un collègue. J'accepte, mais je sais aussi que je ne peux me défiler de mes engagements... Quelques minutes après, j'ai un appel de ce collègue qui doit annuler le dîner à cause de problèmes imprévus! J'ai raccroché le sourire aux lèvres en constatant que la vie s'était chargée d'aligner les événements de manière que mes objectifs soient atteints comme prévu. Cette coïncidence m'a donné un coup de fouet et l'énergie pour faire tout le travail qui m'attendait.

Ces exercices me permettent de constater qu'en mettant mes lois en pratique, j'acquière plus d'aplomb. Le fait de reconnaître les liens me fait voir que j'assimile bien mes nouvelles règles de vie et je sens que je possède déjà une bonne confiance en moi. Je suis assuré du succès des prochains jours.

Ces exercices me font vraiment sentir plus fort. J'aime ce que je suis, j'ai confiance en moi, et cela, en toute humilité.

JOUR 3

JE VIS EN FONCTION DE MES CAPACITÉS ; JE N'EN FAIS NI TROP NI PAS ASSEZ.

Ayant fourni beaucoup d'effort et d'énergie au travail ces derniers temps, je me suis accordé une journée plus relaxe en effectuant des petites tâches complémentaires, mais utiles. Faire du classement de dossiers et du ménage sur le bureau n'est pas ce qu'il y a de plus performant, mais cela m'aidera à mieux fonctionner quand viendra le temps de mettre la pédale au fond.

Je me rends compte qu'en dosant mon rendement, je respecte davantage mes capacités : je sais emmagasiner l'énergie pour les moments de haute tension. Puisque je vois les signaux que la vie m'envoie, je peux ralentir en temps opportun ou accélérer quand c'est nécessaire.

JOUR 4

ÉVITER LES SITUATIONS EMBARRASSANTES, LES CONTOURNER !

Après une journée paisible à la campagne, je m'en vais rejoindre un groupe d'une dizaine d'amis pour souligner l'anniversaire de l'un d'entre eux. Pendant le souper, au plus fort de la conversation, je me suis mis en mode d'observation et d'écoute. J'ai trouvé très intéressant de constater la teneur parfois insipide des propos. Je me rendais compte de toutes les remarques que j'aurais pu me permettre de dire pour alimenter le potinage, mais j'ai décidé de les garder pour moi. Je ne désirais pas me mettre dans une position précaire par rapport à certaines personnes concernées. J'ai trouvé très formateur d'écouter et de regarder les autres interagir, se débattre dans leur incohérence et déblatérer autour de la table. Je me suis reconnu en eux lors de rencontres antérieures et j'avoue préférer me voir jouir du bien-être et de la paix que je ressens en ce moment.

JOUR 5

QUAND UN OBSTACLE SURGIT, NE PAS S'Y BUTER.

En début d'après-midi, je me suis entêté face à une situation problématique au travail dont je ne détenais pas tous les filons. Je suis quand même allé jusqu'au bout, non sans peine, et le résultat n'a pas été vraiment concluant à vrai dire ! En fin d'après-midi, un autre problème s'est produit. Mais cette fois, au lieu de m'obstiner, j'ai décidé de remettre le tout au lendemain lorsque j'aurais les idées plus claires.

L'exercice m'a permis de constater à quel point il est facile d'activer le stress et l'impatience quand on rencontre un obstacle coriace. En même temps, je m'aperçois qu'en prenant ce simple recul, j'entrevois déjà la solution qui me permettra de contourner les embûches contre lesquels je butais cet après-midi.

JOUR 6

JE SUIS MOI-MÊME ET JE NE CHERCHE PAS À ÊTRE QUELQU'UN D'AUTRE.

J'ai vécu le message de cette phrase une journée où je me suis retrouvé effectivement seul dans ma maison à la campagne. Je me suis demandé comment il se faisait que je ne vivais pas cette loi en étant confronté à une personne en particulier ou à groupe... Et j'ai compris que lorsqu'on est seul, on ne peut qu'être soi-même; il n'y a personne à imiter. Je dois prendre contact avec celui que je suis sans subir les influences des autres pour pouvoir me tenir debout et ne pas chercher à séduire ou à plaire en adoptant des comportements qui ne me ressemblent pas.

Je profite de cette journée passée en solitaire pour faire le plein d'énergie afin de poursuivre dans la veine de ce que j'ai à réaliser.

À vous maintenant de mettre vos sens de l'écoute et de l'observation à l'épreuve pour vérifier, dans le concret, de quelle façon vos propres lois peuvent être appliquées. À vous de les reconnaître et de les assimiler pour en ressentir les bienfaits.

Exercices de purification

En parallèle au renforcement des lois, il importe de procéder à un travail de purification et d'apaisement de l'âme. Il faut pouvoir ériger sa confiance sur un terrain solide afin qu'elle ne s'effondre pas au premier coup dur.

Tous les exercices qui suivent amènent le soulagement des souffrances et la tranquillité de l'esprit en insufflant des messages porteurs d'une grande puissance. Ils cultivent des pensées qui renforcent notre propre pouvoir. La paix qu'on en ressent désamorce ainsi l'envie de reproduire les scénarios malheureux et attise le goût du bien-être et de l'harmonie. Vous constaterez également qu'une fois bien intégrés, certains de ces exercices peuvent servir d'outil selon la nature des situations que vous avez à traverser.

La douche de lumière

Au cours d'une séance de visualisation, on se voit en train de prendre une douche de lumière blanche qui coule sur le corps de la tête aux pieds. Un tel enveloppement de l'être dans la lumière amène un apaisement, un allégement, mais surtout un effet de purification du corps et de l'âme. Cette épuration, ce grand nettoyage lave l'esprit de ses anciens fondements et aide à faire de la place aux nouvelles lois.

L'acceptation de soi

Cette pratique consiste à dire quotidiennement cinq ou six fois de suite la phrase suivante :

(Dites votre nom), je t'aime et je t'accepte
tel que tu es.

Il importe de verbaliser les mots à haute voix pour s'entendre dire cette affirmation de respect et d'acceptation envers soi, pour se l'adresser sans équivoque. Il n'est pas question ici de s'empresser de le faire comme on réciterait machinalement une leçon apprise par cœur. L'essence de cet exercice réside dans le ressenti sincère qu'on éprouve envers soi-même en se faisant une telle déclaration. Si vous la dites sans intention, cette phrase restera des paroles en l'air sans aucun impact.

Ainsi, quand on constate que l'on est en train de se critiquer, de se dire qu'on a encore raté quelque chose, qu'on s'accuse de tous les maux, il est temps d'utiliser cette phrase magique pour neutraliser l'effet négatif de son attitude autodestructrice. En se concentrant immédiatement sur la formulation de l'acceptation de soi, on se branche sur le ressenti amenant le respect et l'estime de soi, on reprend confiance en ses moyens et on trouve la force requise pour affronter la situation épineuse.

Le miroir

Pour atteindre un degré d'estime de soi encore plus élevé, on ajoute donc un élément de difficulté à l'exercice précédent. Il s'agit toujours de se dire la phrase :

*(Dites votre nom), je t'aime et je t'accepte
tel(le) que tu es*

pendant deux ou trois minutes, mais en se regardant droit dans les yeux devant un miroir et en ressentant vraiment la signification de chaque parole. La sincérité est encore plus rudement mise à l'épreuve. Bien qu'il soit gênant, voire embarrassant les premières fois, ce face-à-face oblige la réconciliation totale avec notre être et incite à changer tout ce qui nous déplaît en nous pour en arriver à nous dire une affirmation franche et ressentie. Dans un chapitre antérieur, n'avons-nous pas abordé l'importance d'être son meilleur ami, d'être son allié le plus loyal parce que nous sommes la seule personne sur qui nous pouvons vraiment compter, et ce, en toute circonstance? Voilà donc un exercice qui favorise ce rapport de pleine confiance avec soi-même. Dorénavant, il ne sert à rien d'agir sournoisement ou d'essayer de se mentir car, sinon, on a de la difficulté à se regarder en face... dans tous les sens du terme! Un bon compagnonnage avec soi est synonyme d'unification harmonieuse entre l'être, l'âme et l'esprit.

La méditation sur des mots clés

Plus on est attentif à son ressenti, plus on se fait confiance et plus on avance avec conviction. L'hésitation, les peurs et les craintes s'effritent et n'obstruent plus le parcours que l'on se trace. La méditation sur des mots remplis de vibrations bienfaisantes nous évite de retomber dans les vieux pièges et attire nos pensées et nos désirs comme des aimants. Ces moments d'imprégnation entament une nouvelle programmation face à des notions dont la connotation positive se répercute dans le quotidien et prédispose à l'élimination du stress et de l'anxiété.

Voici quelques mots sur lesquels il est bon de méditer : LIBERTÉ ; PAIX ; BONHEUR ; VÉRITÉ ; LUMIÈRE ; RESPECT ; AMOUR ; SANTÉ ; HARMONIE.

En fait, tout ce qui représente une valeur fondamentale à vos yeux mérite d'être l'objet d'une telle méditation.

La pyramide de protection

Si on ne le fait pas à la légère, l'exercice de la pyramide de protection est d'une efficacité indiscutable. Ayant pour but de repousser les vibrations négatives dirigées contre nous, cette sorte de bulle protectrice constitue une arme fiable contre les manipulateurs. En plus, c'est comme si nous nous retrouvions entourés d'un champ magnétique d'ondes positives qui nous attirait les gens sincères.

Il est préférable de se munir de sa pyramide de protection le matin, quand on est frais et dispos, et qu'on n'est pas affaibli par l'accumulation du stress d'une longue journée de travail. Ainsi, elle aide à passer à travers les événements et les obstacles plus efficacement.

Pour bâtir votre pyramide, tenez-vous debout les yeux fermés, les jambes légèrement entrouvertes et les bras pendants le long du corps.

– Inspirez et expirez pleinement et lentement ;

– formez un triangle en joignant les pouces et les index des deux mains et venez le placer devant le front en disant : *On ne me dérange pas*;

– descendez les bras doucement en gardant la forme du triangle jusqu'à ce qu'ils soient rendus à la hauteur de la taille, puis ramenez les mains de chaque côté de la taille en disant : *On ne me touche pas*;

– reportez les mains formant un triangle à l'aide des pouces et des index vis-à-vis du troisième œil, et dites : *Et je garde mes énergies*;

– aussitôt, inspirez en remontant les bras au-dessus de la tête de manière que les mains se touchent encore ;

– expirez en baissant les bras de chaque côté du corps. (Ce mouvement permet de dessiner la forme de la pyramide tout naturellement.)

Au début, il est recommandé d'effectuer l'exercice devant le miroir pour bien coordonner les mouvements avec les phrases.

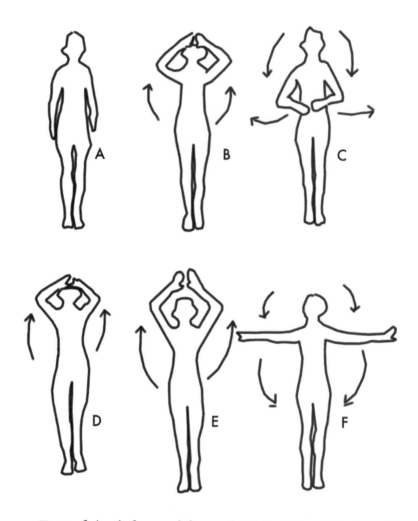

Toutefois, à force d'être répétée, l'installation de sa pyramide de protection devient un petit rituel presque automatique, puisqu'il est programmé dans le subconscient; le matin, on ne peut pratiquement plus partir sans elle!

Faites un travail d'observation les premières fois que vous l'activerez. Par exemple, vous participez à une réunion où les esprits s'échauffent. Fort probablement, vous constaterez que toutes les remarques négatives ne vous concernent pas et que tous les comportements agressifs ne vous sont pas destinés ; tout semble vous glisser sur le corps. Et si on s'adresse à vous, on le fait sur un ton convenable.

Pour bien comprendre les effets de la pyramide de protection, voici le témoignage de Valérie, qui, un soir, reçoit un appel chez elle pour l'avertir que, le lendemain, elle aurait à remplacer une collègue tombée malade ayant un poste plus élevé que le sien et auquel elle n'est absolument pas intéressée.

Pour le bien de l'équipe, elle n'a pas le choix d'accepter de prendre sa place pour une journée. Mais voilà que Valérie se met à s'inquiéter et à se stresser parce qu'elle se rend compte qu'elle n'aura pas le temps de terminer ses propres dossiers en plus d'avoir à coordonner les tâches de sa collègue. Après une nuit houleuse, Valérie décide d'activer sa pyramide de protection afin de passer sans problème à travers cette journée tant appréhendée. Bilan : non seulement Valérie a-t-elle eu le temps d'accomplir toutes ses tâches, mais, miraculeusement, elle n'a eu que deux appels téléphoniques (au lieu de la vingtaine habituelle). De plus, elle n'a subi aucune pression en ce qui a trait au travail de sa collègue et a pu résoudre les quelques situations problématiques qui se sont présentées en cours de route. Sa pyramide protectrice lui a permis d'être concentrée et d'utiliser toute son énergie à bon escient en lui évitant de se la faire gruger par des appels téléphoniques futiles.

Dans un autre ordre d'idées, on peut aussi visualiser une pyramide ou une bulle de protection autour de la maison quand on quitte le matin ou quand on part en voyage pour plusieurs jours. Cela peut être suffisant pour en éloigner les malfaiteurs ou encore pour la protéger contre un éventuel sinistre.

La bougie

Objet dont la puissance symbolique se reflète dans les rites de nombreuses religions, la bougie est la représentation simple et ultime de la lumière intérieure, de l'esprit en communication directe avec la Puissance suprême. Sa flamme étant en quelque sorte l'incarnation de l'âme, la bougie constitue un instrument de grande valeur dans un processus de recherche profonde et de raccordement entre le plan physique et le plan spirituel. Voici comment procéder.

– Installez-vous dans une pièce éclairée par la seule lueur d'une bougie.

– Déposez celle-ci devant vous et fermez les yeux pendant quelques instants (environ cinq minutes), juste le temps de faire le vide et de tomber dans un état méditatif profond.

– Puis, ouvrez les yeux et fixez la flamme du regard. Concentrez-vous bien sur elle. En peu de temps, votre énergie rejoindra la sienne et vous entrerez en communication intense avec vous-même, avec votre âme.

– Observez toutes les manifestations qui se produiront autour de la bougie : les mouvements et les formes de la flamme, l'agitation ou le calme de la flamme, la vitesse à laquelle la bougie se consume, enfin tout ce que vous pouvez voir.

– Vous pouvez ajouter les vibrations intérieures d'un mot de votre choix ; le mot AMOUR, par exemple.

– Observez à nouveau les réactions de la flamme et les effets sur la bougie.

– Refermez les yeux et soyez attentif à ce qui surgit en vous, aux images qui montent, aux formes et à la texture de ce qui se dessine sous vos yeux.

– Soyez conscient que vous êtes en train de jeter les bases d'un autre mode de perception, que vous développez votre vision intérieure, que vous apprenez à reconnaître ce qui est normalement invisible et qui appartient à l'impalpable.

Chapitre 6

INTENSIFIER LA RELATION AVEC SON ÂME

Quand on s'aventure sur le chemin qui mène à soi, on s'aperçoit vite que l'implication doit être totale et qu'il n'y a pas de place pour les interprétations ou la mauvaise foi. On se rend également compte que l'âme est le berceau embryonnaire de tout ce qui prend forme en nous et autour de nous. Quand on prend soin de son âme, quand on se rapproche d'elle, qu'on établit un lien étroit avec elle, on ouvre la porte à d'autres modes d'expression de soi, à d'autres modes d'interaction entre le soi et l'Univers.

Le guide spirituel

Allié et complice, le guide spirituel n'est pourtant pas notre ange gardien comme plusieurs semblent le croire. Il est essentiel de faire la distinction et de comprendre que, dans la hiérarchie divine, les anges se situent à un autre niveau d'intervention, qui n'est pas le propos de ce livre. (Si le sujet vous intéresse, il existe une littérature abondante traitant spécifiquement du phénomène angélique qui vous permettra de satisfaire votre curiosité et d'éclaircir les points nébuleux.)

Le guide spirituel est une âme désincarnée qui est, elle aussi, en processus d'évolution, mais dans le monde de l'impalpable. Il se manifeste sous forme de présence énergétique appelée à nous aider dans notre propre évolution. Le guide ne s'impose et ne s'interpose pas ; il assiste, suggère et donne des indices en faisant ressentir une sensation particulière, une forte intuition. Quand on lui adresse une demande, il met tout en œuvre pour que les choses arrivent comme elles se doivent. Un ou plusieurs guides nous sont attitrés en fonction de leurs aptitudes et de la nature des événements que l'on a à affronter pour nous aider à franchir les étapes qui nous permettront de nous réaliser.

Ainsi, selon la période de vie que l'on traverse, on peut avoir un guide différent et on peut aussi en avoir plus d'un.

À titre d'exemple, un collègue de travail a eu à défendre et à implanter des politiques internes de l'entreprise contre le gré de la majorité des gens concernés. Pendant des mois, il a dû tenir son bout et se débattre contre les attaques incessantes de ses pairs récalcitrants. Il disait se sentir comme un gladiateur dans l'arène qui s'accroche à son bouclier ! Dans la même période, il s'est adonné à consulter une médium qui lui a dit que l'un de ses guides du moment était un guerrier romain. Ainsi, notre homme avait véritablement ressenti le support énergétique combatif et endurant que lui insufflait ce guide. Depuis, il a su faire voir les avantages des nouvelles directives et convaincre ses collègues ; la situation est finalement rentrée dans l'ordre. Si bien qu'il ne ressent plus cette énergie qui le faisait se tenir sur le qui-vive. Le guide qu'on lui a envoyé a fait son travail et, de ce fait, l'âme de ce dernier en a, elle aussi, tiré des bénéfices utiles à son propre cheminement évolutif.

On pense souvent, à tort, que notre guide est une personne proche décédée. Ce n'est pas obligatoirement le cas. En entretenant l'idée dans vos pensées que, par exemple, votre sœur décédée est votre guide, vous la retenez et l'empêchez d'évoluer. Il se peut qu'un membre de notre famille soit notre guide, mais la plupart du temps, on nous en dédie un en fonction des leçons que l'on a à apprendre ; c'est un guide suffisamment élevé pour nous amener à avancer et à aller plus loin. Cette entité se dévoue inconditionnellement, pour autant que l'on reconnaisse sa présence et que l'on sollicite son aide. Accueillir son guide avec amour et gratitude est une attitude garante de réussite, même s'il n'est pas celui qu'on aurait souhaité avoir.

Aussi, à mesure que l'on avance dans son cheminement évolutif, on a l'impression parfois que les choses nous échappent et que notre guide nous abandonne. Ce qui arrive, c'est que plus on progresse, plus les messages et les interventions du guide deviennent subtils. Pour le bien de notre évolution, notre guide devient de plus en plus exigeant pour faire en sorte que nous nous améliorions et que nous ne nous reposions pas sur nos lauriers. Comme il est au courant que nous avons appris à nous servir d'une panoplie d'outils, il sait nous mettre à l'épreuve en nous forçant à les utiliser et nous oblige à décortiquer davantage les événements. Sans relâcher sa vigilance, notre guide spirituel sait quand vient le moment de *donner de la corde*. Ainsi, il ne nous abandonne pas. Il voit tout simplement à renforcer notre confiance et à améliorer notre autonomie.

Certaines personnes ayant des dons extrasensoriels développés ont la capacité de voir leur(s) guide(s), ce qui n'est cependant pas le cas de tout le monde, même de gens qui ont la conscience en éveil et l'esprit ouvert à ce genre de manifestation. Cependant, on peut demander à rencontrer son guide et entamer la démarche qui favorise l'établissement de ce contact. Il faut s'attendre à devoir recommencer plusieurs fois, tout comme il se peut que la communication se produise dès le premier essai. Aussi, la rencontre peut ne pas être d'ordre visuel et se vivre plutôt par le ressenti d'une présence imminente.

Voici un exercice qui peut vous aider à rencontrer votre guide.

Exercice

D'abord, entrez dans un état méditatif, prédisposez-vous à une belle rencontre et demandez à recevoir la visite de votre guide dans un but d'amour.

Visualisez un endroit que vous aimez où se trouve un cours d'eau bordé d'un quai. Marchez vers ce cours d'eau et allez vous asseoir au bout du quai.

Laissez-vous envelopper par la douceur et la pureté du paysage et laissez-vous pénétrer par le grand réconfort que la vue du cours d'eau et son ruissellement vous procurent.

Voyez une embarcation apparaître et se diriger lentement vers le quai.

Observez et voyez qui s'y trouve. Il est très important de laisser venir, de ne rien provoquer, sinon on risque de tomber dans l'imaginaire et l'illusion. Il se peut qu'il n'y ait personne et que la rencontre ne soit pas possible pour l'instant. S'il y a quelqu'un, il se peut qu'il y ait échange ou non. Cet échange peut se concrétiser par un seul sourire, par un regard réconfortant, par une sensation intérieure ou par une pensée.

À la fin de l'exercice, remerciez votre guide d'être venu et, s'il ne vient pas, dites-lui que vous respectez sa décision et que vous saurez être patient.

◆ ◆ ◆

Une rencontre avec son guide produit, habituellement, un effet incroyablement bienfaisant et réconfortant. Peu importe que le contact soit visuel ou sensoriel, la manifestation énergétique est si forte, si réelle, si prenante, qu'on ne peut faire autrement que de reconnaître la présence du guide.

Un jour, une amie m'a raconté qu'elle n'avait plus peur de la solitude depuis qu'elle avait rencontré son guide, depuis qu'elle avait ressenti cette présence d'amour inconditionnel l'envahir, depuis qu'elle avait entendu cette voix intérieure lui dire qu'elle était là pour elle. Elle dit savoir désormais qu'elle n'est pas seule pour faire face aux intempéries. Elle a regagné beaucoup de confiance et se sent plus solide. Elle affirme que ce moment révélateur a été déterminant dans sa vie, que la présence de son guide lui a fait se rendre compte qu'elle était soutenue et protégée. Bien sûr, elle est consciente que cela ne l'empêchera pas de vivre des difficultés, mais elle se sent d'attaque et sait où puiser ses forces de ravitaillement pour ne pas se laisser sombrer dans le désarroi.

Si on ne vit pas de rencontre comme telle avec son guide, il suffit parfois de s'ouvrir les yeux et d'observer comment les choses se passent dans sa vie pour s'apercevoir qu'on profite de l'assistance et de l'appui de son guide sans avoir vécu de *rencontre officielle* pour en être assuré.

Je pense souvent à cette histoire ahurissante que j'ai entendue à la télévision et qui illustre parfaitement les propos que je viens d'énoncer. Il s'agit d'un homme qui, à la fin de la vingtaine, a divorcé, perdu son emploi et fait faillite. En totale dépression, il s'est réfugié chez sa mère. Graduellement, il s'est refait une santé et s'est trouvé un nouvel emploi.

Un après-midi qu'il regardait les albums photos familiaux avec sa mère, son regard s'arrêta sur une photo où il enlaçait sa petite amie de l'époque. Il eut un coup au cœur et ressentit un élan incontrôlable vers elle. Il se dit spontanément que c'était cette femme qu'il aurait dû épouser. Il se mit donc à appeler sur-le-champ chacune des personnes correspondant au nom de celle-ci ; il y en avait une centaine, car l'homme habitait une ville de plusieurs millions d'habitants. Après des jours d'essais infructueux, il décida d'abandonner.

Le lendemain, il sortit faire des courses et prit une route différente. En attendant au feu de circulation, une voiture s'immobilisa à côté de la sienne. Il entendit retentir le klaxon et se retourna pour constater que la personne au volant était précisément celle qu'il recherchait intensément depuis les derniers jours.

Complètement abasourdis par cette rencontre fortuite, les deux anciens amoureux décidèrent de se donner rendez-vous pour se revoir. Ils renouèrent et se fréquentèrent. Ils sont mariés depuis presque vingt ans maintenant et disent remercier le ciel tous les jours de les avoir réunis. Dans son témoignage, l'homme crie au miracle mais, plus que tout, il est convaincu de l'intervention divine de son guide qui lui a fait reconnaître son âme sœur – ressenti puissant en regardant les photos – et qui lui a indiqué le chemin pour la retrouver.

Ce genre d'histoire « arrangée avec le gars des vues » est un exemple typique de l'aide que l'on peut recevoir quand on est voué à se réaliser pleinement à travers l'événement.

Comment ne pas croire ?...

L'influence des couleurs

Rêver en couleurs, voir la vie en rose sont des expressions bien implantées dans le langage courant qui incitent au bonheur, qui font émerger spontanément les plus beaux fantasmes. D'instinct, sans avoir lu quoi que ce soit sur l'influence des couleurs, on sait qu'elles provoquent toutes sortes de sensations dans notre être : on se sent attiré par certaines, alors que d'autres nous rebutent ; on ressent un enthousiasme spontané à la vue d'un tableau très coloré ou un ravissement réservé entre les murs d'une pièce aux tons pastel. On sait également que la couleur des vêtements que l'on porte intervient dans le rayonnement de notre personnalité et traduit souvent notre humeur. Quant aux teintes qui recouvrent les murs de nos appartements, elles en disent long sur notre conception d'une ambiance confortable et harmonieuse. Bref, les couleurs sont beaucoup plus qu'un simple accessoire décoratif ou qu'un élément complémentaire visuel.

Quand on effectue un travail sur soi, les couleurs peuvent effectivement servir d'agent renforçateur à l'intérieur des différents exercices de méditation et de visualisation déjà proposés.

Si on a toujours en mémoire l'exercice de la douche de lumière (décrit à la page 81), on se rappelle que le bienfait principal de cette visualisation résidait dans le pouvoir de purification de la lumière blanche. Tout comme le blanc, chaque couleur possède donc une caractéristique correspondant à un aspect de l'être.

Je m'en tiendrai ici à une description des plus simples, se résumant souvent à un seul mot, mais qui traduit exactement l'idée majeure se dégageant de chaque couleur. Cela évite les risques d'ambiguïté sur l'interprétation de la signification de chaque couleur, et le travail de visualisation est d'une plus grande efficacité parce que l'on fait appel à la couleur correspondant exactement au besoin.

Voici les caractéristiques des couleurs :

Bleu : communication

Vert : émotivité

Jaune : guérison

Rouge : énergie ; amour

Orangé : intellect ; rationalité

Violet : connaissance ; formation

Indigo : équilibre mental

Rose : douceur ; honnêteté ; sincérité ; amour inconditionnel

Blanc : lumière ; couleur de la lumière elle-même,
de là le symbole de la pureté absolue ; le blanc contient toutes les autres couleurs du spectre, ce qui en
fait aussi le symbole par excellence de l'unicité.

Noir : à l'opposé du blanc, le noir absorbe totale-
ment les rayons lumineux, il empêche le rayonnement. Il n'est donc pas recommandé de travailler
avec cette couleur allant de pair avec les ténèbres,
le deuil et la mort.

Ainsi, au cours d'une séance méditative pendant
laquelle on désire travailler sur son émotivité, il est
très bénéfique de se visualiser dans un environnement où le vert prédomine.

Aussi, quand on sait qu'on a une présentation à
faire devant un groupe à son travail, on peut se
recueillir un moment et appeler le bleu pour profiter
de ses vibrations favorisant la communication.

De même, si on a une baisse d'énergie et qu'on
a encore beaucoup de boulot à accomplir, on peut
s'intérioriser quelques instants pour faire monter le
rouge, qui insuffle force et courage.

En période d'examens, les étudiants devraient s'entourer d'orangé pour stimuler leur capacité de concentration et leur acuité intellectuelle.

Quand on n'a pas de demande précise, on peut aussi plonger dans un état méditatif et laisser monter la couleur qui voudra bien apparaître. Cette façon de procéder permet de vous aiguiller vers des sentiers que vous pensiez peut-être avoir déjà explorés, mais qui pourraient vous révéler encore bien des choses ; allez y faire un tour...

Le décodage du subconscient

On n'insistera jamais assez sur l'importance de nos actions sur le subconscient. Ce dernier enregistre tout systématiquement. C'est le disque dur de notre cerveau, sur lequel absolument toutes les données sont compilées. Peu importe qu'elles soient bonnes ou mauvaises, utiles ou inutiles, le subconscient les conserve toutes. L'emmagasinage de toutes les informations négatives accumulées au cours de notre vie finissent par boguer et par alourdir le bon fonctionnement de notre système ; il provoque des blocages qui nous font planter à tout bout de champ ! La seule façon de surmonter ce problème : investiguer, faire du ménage pour éliminer ce qui est désuet et nuisible, et se débarrasser du bogue. C'est pourquoi notre subconscient a besoin qu'on s'occupe expressément de lui et qu'on lui impose un grand ménage en bonne et due forme.

On porte en soi tout ce qui y est imprimé. Même si la mémoire consciente ne se rappelle pas, le subconscient (qu'on appelle aussi mémoire inconsciente), lui, se souvient et glisse son savoir dans nos gestes quotidiens. Il répond à tous nos signaux : quand on lui envoie le code de la peur, il s'empresse de la renforcer en nous branchant directement à sa source première ; quand on lui envoie le code du courage, il effectue la même opération. Il répond à toutes nos commandes. Ce n'est que si l'on efface les données enregistrées sur ce qui bloque que l'on se trouvera libéré de cette programmation.

Le décodage du subconscient permet cette déprogrammation. Il nous dépouille de toutes les couches négatives qui nous recouvrent et qui nous paralysent.

Le moment de prédilection pour atteindre le subconscient est pendant le sommeil parce que la conscience ne peut intervenir. Par le décodage, on invite le subconscient à s'exprimer et à nous parler à travers nos rêves, qui révèlent les événements clés dans un contenu très épuré. La symbolique onirique étant très forte, nul n'est besoin de rêver pendant des heures ; avec un minimum d'éléments, les rêves peuvent dégager tout aussi bien une ambiance très dense ou très légère. Il faut mettre l'accent sur le symbolisme du rêve pour voir les liens et faire ressortir les messages clairement.

Le décodage dure une semaine et ne doit pas être pris à la légère parce que, sinon, le subconscient réagira en fonction de cette insouciance. Il est primordial de choisir un temps où votre vie se déroule dans un climat calme, où votre esprit n'est pas encombré par des soucis sérieux car, pendant cette semaine où votre subconscient est particulièrement sollicité, attendez-vous à vivre des réactions imprévues, tant sur le plan physique qu'émotif. Votre être se trouvera fragilisé par les interventions que vous ferez quotidiennement auprès de votre subconscient, par les intrusions auxquelles il n'est pas habitué.

Selon l'intensité du décodage et l'ampleur des blocages, les répercussions peuvent se traduire à des degrés variés : émotivité plus ou moins à fleur de peau, maux de tête superficiels ou fortes nausées persistantes, crampes abdominales, envie de dormir, bonne humeur et énergie débordante, etc. Par ailleurs, si les réactions sont vraiment trop violentes, au point de vous empêcher de fonctionner normalement, cessez immédiatement le décodage. Probablement que vous n'êtes pas encore prêt et que le défrichage n'a pas été suffisant. Revenez aux exercices de détente et de visualisation pour préparer le terrain plus adéquatement.

À l'opposé, il est possible qu'on ait à reprendre le décodage parce qu'on ne se souvient pas de ses rêves par manque de motivation ou de sérieux.

Exercice

Le décodage se déroule comme suit :

– d'abord, déterminez le nombre d'années représentant la tranche de vie qui sera l'objet du décodage chaque nuit, en divisant votre âge en trois périodes égales, ou à peu près égales ;

- au coucher, répétez mentalement la phrase type correspondant à la journée du décodage jusqu'à ce que vous vous endormiez. Doucement, vous vous apercevrez que des mots manqueront, que vous ne vous souviendrez plus où vous êtes rendu dans la phrase et que vous aurez l'impression de toujours recommencer ;

- au lever, écrivez immédiatement les rêves dont vous vous souvenez avec le plus de précision possible. Si vous ne vous rappelez que de certains *flashs*, écrivez-les aussi ;

- à la fin de la journée, notez les détails portant sur son déroulement, les anecdotes qui la caractérisent ainsi que les symptômes physiques et émotifs.

JOUR 1

Mon subconscient, je te demande de me décoder entièrement et de détruire toutes les entités négatives accumulées depuis ma conception et qui nuisent à mon évolution.

JOUR 2

Mon subconscient, je te demande de me décoder entièrement et de détruire toutes les entités négatives accumulées depuis ma conception et qui nuisent à mon évolution. Toutes les entités négatives inscrites depuis que j'ai xx ans (inscrivez votre âge actuel) sont maintenant effacées à tout jamais.

JOUR 3

Mon subconscient, je te demande de me décoder entièrement et de détruire toutes les entités négatives accumulées depuis ma conception et qui nuisent à mon évolution. Toutes les entités négatives inscrites entre xx ans (inscrivez votre dernier tiers de vie) et aujourd'hui sont maintenant effacées à tout jamais.

JOUR 4

Mon subconscient, je te demande de me décoder entièrement et de détruire toutes les entités négatives accumulées depuis ma conception et qui nuisent à mon évolution. Toutes les entités négatives inscrites entre xx ans et xx ans (inscrivez votre deuxième tiers de vie) sont maintenant effacées à tout jamais.

JOUR 5

Mon subconscient, je te demande de me décoder entièrement et de détruire toutes les entités négatives accumulées depuis ma conception et qui nuisent à mon évolution. Toutes les entités négatives inscrites entre xx ans et xx ans (inscrivez votre premier tiers de vie) sont maintenant effacées à tout jamais.

JOUR 6

Mon subconscient, je te demande de me décoder entièrement et de détruire toutes les entités négatives accumulées depuis ma conception et qui nuisent à mon évolution. Toutes les entités négatives inscrites à l'âge de 1 an sont maintenant effacées à tout jamais. Je suis heureux d'entrer dans ce monde.

JOUR 7

Mon subconscient, je te demande de me décoder entièrement et de détruire toutes les entités négatives accumulées depuis ma conception et qui nuisent à mon évolution. Toutes les entités négatives inscrites durant le dernier mois de grossesse de ma mère sont maintenant effacées à tout jamais.

L'étape du déchiffrage des rêves peut sembler laborieuse ou incertaine quant à la justesse de l'interprétation – l'idée n'est pas de se prendre pour un devin! À l'aide d'un livre contenant la description des symboles qui apparaissent dans les rêves – il en existe toute une panoplie dans les librairies et les bibliothèques – et une certaine pratique, on peut y arriver. Il suffit de faire une recherche de base, à savoir, d'abord, la signification des éléments qui composent ses rêves. Puis, on tente de pousser l'exercice un peu plus loin en essayant de faire des rapprochements avec ce qu'on a vécu dans les années auxquelles le rêve se rapporte.

Même si on n'arrive pas à comprendre à 100 % la teneur symbolique des rêves, il ne faut pas s'en faire, car ce n'est pas toujours *évident*. Cela n'empêche pas toutefois de profiter de tous les effets bénéfiques et libérateurs ; la déprogrammation du négatif a permis l'implantation d'images positives et réparatrices. Effectivement, dans les jours qui suivent le décodage, on peut se surprendre à avoir une attitude ferme et assurée face à des situations qui, auparavant, faisaient peur.

Il se peut que l'une des périodes soit plus éprouvante que les autres : les rêves sont alors très denses, les symboles sont très négatifs et la journée qui suit cette nuit est mouvementée et cahoteuse ou, au contraire, les rêves sont trop anodins par rapport aux événements que l'on a vécus pendant les années de cette phase. On peut revenir décortiquer cette période et s'y attarder davantage en refaisant un décodage s'étalant sur deux ou trois jours. Il suffit de subdiviser la portion de vie visée de manière à n'ausculter que trois ou quatre ans à la fois.

Quand on considère que le décodage de l'ensemble de sa vie est terminé, qu'il a su sonder les vieux tourments enfouis dans le passé lointain, dévoiler les secrets situés à ce niveau et faire fondre d'autres couches de résistance, il est conseillé, par la suite, de se soumettre à un décodage une fois par année. Comme ce dernier ne couvrira alors que la dernière année écoulée, il ne faudra donc qu'une seule nuit pour l'effectuer.

Dans le but de vous donner une idée concrète de ce que représente l'exécution d'un décodage, voici un exemple auquel vous pourrez vous référer à titre de guide – que ce soit pour la division des tranches de vie par rapport à votre âge ou pour constater par vous-même les corrélations qui ont été relevées entre les rêves et les événements vécus.

Il s'agit du premier décodage d'une femme âgée de 37 ans, contenant la description de ses rêves, de ses impressions, de ses observations, ainsi que l'interprétation de ses rêves (réalisée par une personne ayant des connaissances dans ce domaine) en fonction des moments de vie correspondants.

Jour 1 (de la conception à ce jour)

Rêve 1

Je suis invitée à me rendre chez un homme qui habite sur une rue tout près d'une station de métro. À mon arrivée, il y a beaucoup de monde, surtout des immigrants indiens qui portent des costumes soyeux et magnifiques. La pièce est décorée avec des ballons, des rubans et du doré qui brille. Je dois leur apprendre à danser en volant dans les airs. Ce que nous faisons. Avant de quitter, je vois des timbres sur une table et je les prends.

Rêve 2

Je suis dans une tour d'observation au milieu d'une étendue d'eau juste avant de grosses chutes. J'examine des cartes géographiques et topographiques des lieux qui entourent ces eaux et ces chutes (ça ressemble un peu à Niagara, où les chutes sont en pleine ville). Mon cousin et le chien d'un ami sont tombés à l'eau. Je les vois et je souhaite que le courant ne les emportera pas jusqu'aux chutes. Ils réussissent à atteindre la terre ferme. Je suis soulagée!

REMARQUES SUR LA JOURNÉE QUI SUIT

J'ai fait une sieste d'une heure. J'ai le ventre dur et ballonné.

J'ai fait des démarches pour provoquer un changement important à mon travail.

Interprétation

Rêve 1

Tu possèdes une foi et une force profondes qui te permettent de réaliser tes vrais désirs. Tu as beaucoup de choses à transmettre et à communiquer aux autres, que ce soit par la parole, par la musique ou par l'écriture. Il faut utiliser tes forces intérieures (métro) pour bien orienter ta réussite. Beaucoup d'insécurité, tu penses trop à demain. Cela te perturbe énormément et crée des obstacles sur ta route. Il faut savoir doser : simplicité + humilité = résultats.

Rêve 2

Il y a beaucoup de pureté et de bonnes intentions en toi, par contre, tu passes beaucoup de temps à t'en faire pour les autres. Pendant ce temps, tu deviens spectatrice au lieu d'être l'actrice principale. Alors, tu peux trouver difficile de voir réussir les autres et de t'isoler. Les hommes tiennent une grande place dans ta vie. Tu as bien tout essayé pour qu'ils deviennent des amis. Cesse d'analyser du haut de ta tour et saute à l'eau! Tu réussiras... Insécurité et manque de con-fiance.

Symptômes

Ton corps a réagi face à l'insécurité et aux craintes que tu ressens. Le bas-ventre est la région des peurs et des limitations.

Jour 2 (l'année de l'âge actuel)

Je n'ai pas vraiment rêvé. Je ne me souviens que de deux flashs *rapides. J'ai eu de la difficulté à dormir.*

Flash 1

Je marche sur la rue et je vois une copine dans une voiture décapotable en compagnie de ses deux sœurs. Elles roulent très lentement vers moi. Sa sœur cadette est sur la banquette arrière et porte un genre de gros corset pour l'obliger à se tenir droite. Elle a la tête qui chancelle et les yeux dans la graisse de bines... Ma copine et son autre sœur sont souriantes. Elles passent doucement à côté de moi. Ma copine a des cheveux blonds à la Marilyn Monroe!

Je me réveille et je me rendors.

Flash 2

Je vois plein de jolies blouses. J'en choisis une de couleur rose pour aller dans une grande maison gar-nie avec beaucoup de boiseries. Cela a un rapport avec ma grand-mère décédée... Je ne sais pas si elle est dans mon rêve ou si c'est l'ambiance de la maison qui me fait sentir sa présence... Ensuite, je veux aller rapporter la blouse empruntée.

Je suis fébrile et très émotive. Un rien me fait pleurer. Je me sens nerveuse et j'ai de la difficulté à manger.

Interprétation

Flash 1

Tu en as fait des pirouettes pour sauver tes amitiés! Dis-toi pourtant que cela t'a nui plus qu'autrement... Il y a eu énormément d'hypocrisie et de mesquineries dans ton prétendu cercle amical. Ouvre bien les yeux pour reconnaître ceux et celles qui sont tes vrais amis si tu ne veux pas devenir zombie et rester aveuglée par la graisse de bines!

Flash 2

Période difficile sur le plan émotif. Même si tu as cherché plusieurs refuges pour te consoler et retrouver ton équilibre, il n'en reste pas moins que tu n'as pas toujours accepté l'aide ou le soutien que l'on t'offrait... parfois l'orgueil est bien malvenu! Année de contradiction face à toi-même. Remise en question profonde.

Symptômes

Ton corps a réagi à ton décodage. N'est-il pas normal d'avoir ressenti autant de peine? Cela représente bien l'année que tu as vécue.

JOUR 3 (dernier tiers des années de vie)

Rêve

Des baleines, que des baleines, tout plein de baleines! Il y a des rorquals qui sautent hors de l'eau, qui replongent la tête la première et qui s'amusent.

Des queues de baleines émergent à la surface de l'eau, mais elles sont d'une couleur rosée. Je n'arrive pas à me rappeler si je les observe à partir de la terre ferme ou si je suis sur un petit bateau; je suis avec quelqu'un, mais je ne me rappelle pas qui c'est. J'essaie de lui faire partager mon enthousiasme pour ces mammifères que j'adore!

REMARQUES SUR LA JOURNÉE QUI SUIT

Je suis énergique!

Interprétation

Rêve

Période où tu as réalisé plusieurs désirs profonds et importants pour toi, t'apportant beaucoup de bonheur et d'enthousiasme. Par contre, tu sembles être bloquée par rapport à certains événements sur lesquels tu fermes les yeux. Je suggère de reprendre cette période un peu plus tard en la divisant en deux parties.

Symptômes

Tu te sens énergique, mais c'est une énergie facile à ébranler. En travaillant, tu peux la solidifier davantage pour qu'on ne te déstabilise plus aussi facilement.

Décodage efficace à 50 %.

Jour 4 (deuxième tiers des années de vie)

Rêve

Je croise plusieurs gars que je côtoie présentement ou que j'ai déjà connus dans le passé, mais qui ne sont pas des amis proches. Tous ont un comportement affectueux et charmeur à mon égard, que je sois dans l'autobus, sur la rue ou dans mon appartement. En sortant du chez-moi de mon rêve, je rencontre un de mes amis actuels – qui est gai dans la vraie vie – avec son enfant. Je suis étonnée qu'il soit marié et père! Il me dit alors que sa femme n'est pas son amoureuse, qu'ils ont une entente et qu'il a une maîtresse. Puis, j'entends des cris sourds. Je remonte dans mon appartement et des voisins sont dans une pièce. D'un air détendu, ils me disent qu'ils attendent les pompiers. J'ouvre la porte de ma chambre et je vois le feu qui brûle toute la pièce. Je ne peux rien prendre avec moi. Je réussis à sortir de l'immeuble sans rien récupérer. Je suis en colère parce que je me dis que ça fait deux fois que ça arrive dans la même année, que c'en est trop! Je n'ai plus rien. Même les jeans que je porte ne m'appartiennent pas.

REMARQUES SUR LA JOURNÉE QUI SUIT

Je ressens toujours la faim, mais aussitôt que je commence à manger, je me sens pleine. Je me suis sentie molle comme de la guenille toute la journée. Mon corps a toutes sortes de petits malaises, je me sens fourbue. Je me suis blessée à la main.

Interprétation

Rêve

Manque d'amour profond. Plein d'amour à donner mais rien alentour.

Tu as vécu de longues années avec un masque, tu as joué un double rôle. Rejet familial important. Tu n'as pas vécu véritablement, tu n'as que respiré de peine et de misère, tu ne t'appartenais pas. Sans identité. Mais déjà, tu avais toute l'énergie nécessaire pour effectuer un changement de cap radical et connaître vraiment qui tu es. Cette énergie créatrice est bien ancrée en toi, alors sache l'utiliser. Tu verras tout ce qu'il est possible d'en faire. Le passé est loin maintenant ; aujourd'hui est là et on avance...

Symptômes

Réactions du corps en correspondance étroite avec tout ce que tu as subi pendant ces années.

Excellente journée de décodage, tu es tombée dans le mille !

Jour 5 (premier tiers de vie)

Rêve

Quatre voyous armés attaquent des piétons. L'un d'eux me tire dessus avec une carabine. Il me rate. Une de mes copines – qui est comédienne dans la vie – fait partie d'un spectacle de rue. Les gradins installés là sont remplis, et elle remporte le plus grand succès parmi tous ceux qui se produisent. Après ce spectacle, je dois faire un travail identique à ce que je fais dans la vie. Je travaille sur place, on me fait sentir que je dois me dépêcher. Tout en me plaignant que j'en ai marre de me faire presser comme un citron, une fille me dit qu'elle serait intéressée à prendre ma place. J'essaie de prendre son numéro de téléphone en note, mais je suis tellement énervée que je dois m'y reprendre par quatre ou cinq fois ; soit que j'entends mal ce qu'elle me dit, soit que je fais une erreur de transcription.

REMARQUES SUR LA JOURNÉE QUI SUIT

Rien de particulier à signaler.

Interprétation

Décodage pas vraiment réussi. Il faudrait reprendre cette période.

Symptômes

Évident que tu n'as pas décodé !!!

Jour 6 (première année de vie)

Rêve

Je dois me rendre à l'école, à l'université vraisembla-blement. J'essaie d'y aller avec une vieille voiture grise. Il y a une circulation folle et beaucoup de neige qui tombe. Je me range sur le trottoir pour éviter la cohue et je réussis finalement à me rendre à l'école. Une fois sur place, je veux aller à mes cours, mais je ne me souviens plus de mon horaire. Je me réveille, il fait encore noir dehors. Je me redis la phrase type et je me rendors.

Le rêve continue...

Je suis encore dans mon auto et je donne un lift *à une fille. On parle de nos difficultés. Je lui dis que je trouve plus difficile d'apprendre à 37 ans : j'ai moins de concentration, il me faut plus de temps pour comprendre, c'est dur de se lever tôt. Elle me répond qu'à 29 ans, elle ne trouve pas ça tellement plus facile ! Nous arrivons au bout de la rue et plongeons dans l'eau, mais nous roulons quand même ; l'auto arrive à se déplacer dans l'eau. Nous faisons demi-tour et réussissons à remonter sur la rive grâce à quelques plates-formes de béton. Nous quittons la voiture pour nous diriger vers un rassemblement où des gens s'agitent autour d'un buffet.*

REMARQUES SUR LA JOURNÉE QUI SUIT

J'ai le goût de rien faire. J'ai pensé à la bouffe, à plein de mets différents toute la journée.

Interprétation

Rêve

Dès ta première année, on perçoit les embûches et les obstacles que tu auras à surmonter au cours de ta vie. Déjà, tes craintes étaient formées et présentes. Tu as choisi une vie avec un gros lot d'épreuves... tu ne commences pas ton apprentissage de vie au primaire mais à l'université ! Pas facile ! On constate aussi que tu es bien soutenue et que ton guide prend soin de toi.

Symptômes

Tu as envie de goûter à différentes choses exactement comme un enfant d'un an qui désire découvrir... quel hasard quand même!!!

Bonne et excellente journée de décodage. Considère ta promenade en auto comme ta venue dans le ventre de ta mère, c'est ce qui conduit l'auto dans l'eau avec l'aide de ton guide. Finalement, l'accouchement; ta venue au monde s'est faite avec la sortie de l'auto de l'eau. Et voilà le banquet, la fête pour t'accueillir.

Jour 7
(dernier mois de grossesse de votre mère)

Rêve

Je sais que j'ai rêvé, plein de rêves, mais impossible de me souvenir du moindre détail !

REMARQUES SUR LA JOURNÉE QUI SUIT

Je suis trop fatiguée pour entreprendre quoi que ce soit. J'ai envie de rien faire. Je me repose.

Interprétation

Rêve

Le fait que tu saches que tu as rêvé prouve que tu as bel et bien décodé, mais tu es trop fatiguée pour permettre à tes neurones de se rappeler. Tu pourras reprendre cette période si tu en sens le besoin.

Conclusion générale

Les symboles qui ressortent de ton décodage permettent de constater que tu as éliminé de gros problèmes incrustés en toi. Ce qui constitue un très grand pas en avant, et c'est l'essence du décodage de faire en sorte que les événements marquants ressortent. Tu as touché à plusieurs aspects : la famille, les amis, le manque d'amour, l'insécurité...

Ce qui importe à compter d'aujourd'hui, c'est d'accepter ce qui s'est passé et de pardonner à tous ceux qui t'ont tant fait mal. Dis-toi :

«Aujourd'hui, je suis Moi, Je, (ton nom), suis une personne entière, en harmonie avec elle-même et avec l'Univers.»

Globalement, ton décodage a été bénéfique. À toi de voir à reprendre les périodes que tu n'as pas vraiment réussi à pénétrer.

AVERTISSEMENT

À ce stade-ci de l'acquisition des connaissances et des nouvelles expérimentations du chemin qui mène à soi, il est capital d'être certain de ne pas s'être soustrait à l'une ou l'autre des étapes et d'avoir bien intégré les concepts ainsi que les exercices proposés jusqu'à maintenant. Il serait vain de s'empresser d'aller voir plus loin si on n'a fait qu'*engloutir* les informations sans tenter de vraiment les appliquer. On risque alors d'être déçu par les résultats que l'on obtiendra – il ne peut d'ailleurs en être autrement quand on ne s'implique pas sincèrement.

La présentation de cette démarche de recherche sur soi est justement faite dans un ordre favorisant une pénétration graduelle et de plus en plus profonde vers des lieux inexistants en apparence, mais combien influents sur l'intention de chacun de nos gestes. Si, après la lecture du décodage du subconscient, vous pensez avoir atteint la partie la plus secrète et la plus mystérieusement puissante de votre être, détrompez-vous. Les chapitres qui suivent vous entraîneront dans des zones où siègent des sources d'énergie étonnantes intimement liées avec les aspects abordés précédemment.

C'est pourquoi il serait plus sage de reprendre les exercices et de relire les notions qui vous semblent encore floues afin d'en retirer le maximum d'effets et pour vous amener à être tout à fait disponible à recevoir de nouvelles informations.

L'énergie prodigieuse des chakras

Si, pour la majorité des sociétés occidentales, les chakras constituent une dimension méconnue (parfois même inconnue) de l'être, il n'en reste pas moins que d'autres, plus anciennes, ont conservé cet héritage dont les racines remontent à des millénaires avant notre ère. En effet, la philosophie de l'Ayurveda – l'étymologie nous apprend que le terme Ayurveda est formé de deux mots indiens : *ayur*, signifiant « vie », et *veda,* voulant dire « connaissance » –, dont les premiers écrits répertoriés se situent autour de 2500 ans av. J.-C., reconnaît les chakras comme partie intégrante de l'être. Selon les pays, les conceptions des chakras diffèrent, mais l'une des plus répandues est celle qui provient de l'Inde. Dans la langue sanscrite, le mot *chakra* signifie « roue ».

Au nombre de sept, les chakras sont des centres d'énergie de l'organisme reliés à différentes régions du corps. Ils ne sont pas visibles à l'œil nu parce qu'ils se trouvent dans une couche subtile supérieure au corps physique qu'on appelle le corps éthérique. Pour mieux comprendre leur fonction, on peut dire que les chakras sont des réceptacles d'énergies extérieures (universelle, cosmique ou émanant d'autres humains), qu'ils convertissent et acheminent vers les organes et les glandes principales du corps physique.

Chacun peut en imaginer sa propre représentation : tourbillon, spirale, roue, entonnoir, etc. Ce qui importe, c'est de voir les chakras comme des centres lumineux qui s'activent en tournant dans le sens des

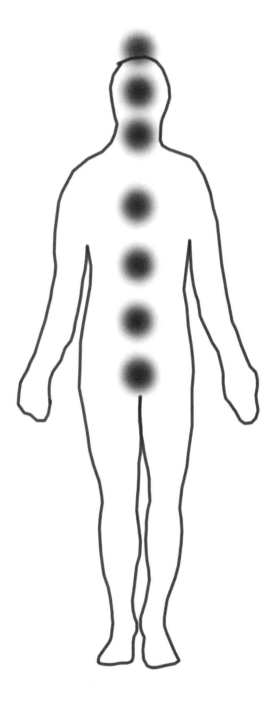

aiguilles d'une montre ; n'oublions pas que ce sont des foyers énergétiques, et qu'en conséquence, ils ne peuvent être statiques.

Pour mieux comprendre de quoi il retourne, voici une description sommaire des sept chakras ainsi que les caractéristiques qu'on leur attribue.

Le chakra de la racine ou de base

Associé à l'utérus chez la femme et à la prostate chez l'homme, le chakra de la racine est situé dans le bas-ventre, à l'extrémité de la colonne vertébrale. Son élément est la terre. Il vibre avec la couleur rouge et au son de la note *do*. C'est le chakra de la sexualité, de l'enracinement, de la sécurité, de la capacité à se stabiliser et des limitations.

Le chakra sacré ou ombilical

Situé au niveau du ventre, à quelque cinq centimètres sous le nombril, le chakra sacré correspond aux ovaires et aux testicules. Son élément est l'eau. Il vibre à la couleur orangée et au son de la note *ré*. C'est le chakra de la reproduction, de la famille, du passé et des émotions froides.

Le chakra du plexus solaire

Se trouvant à une quinzaine de centimètres au-dessus du nombril, le chakra du plexus solaire est associé au foie et aux glandes surrénales. Son élément est le feu. Il vibre à la couleur jaune et au son de la note *mi*. C'est le chakra de la volonté, de l'affirmation de soi, des émotions chaudes et de la répartition énergétique.

Le chakra du cœur

En plein centre de la poitrine, le chakra du cœur est relié au thymus et au cœur. Son élément est l'air. Il vibre à la couleur verte ainsi qu'à la note *fa*. Ce chakra équivaut à la paix, aux sentiments profonds et à l'amour inconditionnel. C'est également le siège du pardon.

Le chakra laryngé ou de la gorge

Ce chakra, dont l'emplacement se trouve au niveau de la gorge, est relié à la glande thyroïde. Son élément est l'espace. Il vibre à la couleur bleue ainsi qu'à la note *sol*. C'est le fief de la communication, de la créativité, de la médiumnité, de l'expression et de l'abondance.

Le chakra frontal ou du troisième œil

Situé directement entre les sourcils, il est associé à la glande pituitaire (hypophyse). Son élément est l'éther, l'éternité. Il vibre à la couleur indigo ainsi qu'à la note *la*. C'est le chakra de la connaissance de soi, de l'intuition, de l'imagination et de la visualisation, des facultés extrasensorielles et du discernement.

Le chakra coronal ou de la couronne

Localisé au sommet de la tête, il est associé à l'épiphyse (glande pinéale). Son élément est le cosmos, la lumière. Il vibre au violet ainsi qu'à la note *si*. C'est le chakra de la vérité, de la sagesse, de la compréhension, de la spiritualité et le récepteur des énergies cosmiques.

◆ ◆ ◆

Les trois chakras situés à la base du corps (racine, sacré et solaire) sont branchés sur les énergies du monde matériel, alors que les trois plus hauts (laryngé, frontal et coronal) répondent à la réalité spirituelle. Le chakra du cœur, même si on le considère comme faisant partie des chakras se rapportant au spirituel, est aussi un point charnière qui permet de faire le pont entre l'aspect matériel et l'âme.

L'équilibre des chakras a une incidence directe sur les agissements d'une personne. Un déséquilibre de l'un d'entre eux entraîne une déstabilisation dans les secteurs lui étant associés. Des pulsions réprimées, des émotions refoulées, des frustrations inexprimées sont autant de comportements provoquant des blocages et des courts-circuits dans l'énergie. De fait, le corps absorbe ces chocs et les fait se manifester sous forme de maladies. La consolidation de la foi dans le cadre d'une démarche évolutive mène progressivement à l'ouverture des chakras, qui s'harmonisent davantage avec la conscience de l'être et procurent plus d'énergie.

Le désir de rentrer en soi pour reconnaître les événements qui nous ont forgés tels que nous sommes, pour les assumer et les utiliser dans un but évolutif sincère et humble, amène la purification nécessaire à la réceptivité et au bon fonctionnement des chakras.

Un travail méditatif dont l'intention est dirigée spécifiquement sur le chakra défaillant peut rétablir la circulation énergétique et aider à faire résorber les maux qui pourraient en dépendre. Par exemple, les personnes instables et fragiles émotivement ont un déséquilibre au niveau de leur chakra du cœur. Des séances de visualisation de la couleur verte dans cette région corporelle devraient leur être bénéfiques. Quant aux gens réceptifs à l'univers des sons, ils peuvent méditer en faisant un léger bourdonnement (humming) sur la note fa. Les vibrations émanantes produisent un genre de massage très subtil à travers toutes les cellules du corps, et plus particulièrement celles de la zone sinistrée.

Toutefois, avant d'en arriver à ce travail direct avec un chakra spécifiquement touché par un déséquilibre momentané, il est conseillé de procéder à une épuration générale des chakras.

Exercice

Après avoir atteint l'état méditatif, commencez l'opération en vous concentrant d'abord sur le chakra de la racine.

Portez votre conscience au niveau du foyer énergétique situé à la base de la colonne vertébrale et imaginez qu'il y a un coffre ou un baril à l'intérieur du chakra de la racine.

À mesure que la conscience descend, faites-lui regarder les autres chakras qu'elle rencontre sur son passage pour reconnaître l'ensemble de la structure.

Arrivé au chakra de base, dirigez-vous vers le coffre, ouvrez-le et observez ce qui en ressort tout en pensant aux différents éléments qui se rattachent à ce siège d'énergie, c'est-à-dire la sexualité, le sentiment d'enracinement et de sécurité, la capacité à se stabiliser et les limitations. Il est possible que vous ayez besoin de dédier plusieurs séances à ce même chakra pour réussir à vider le coffre.

Quand vous constatez qu'il ne reste plus rien, faites monter le coffre au niveau du chakra sacré en ressentant le mouvement ascendant et l'effet de légèreté qui accompagne le départ du chakra de la racine.

Refaites le même scénario en portant votre attention sur le contenu du coffre de ce chakra relié à la reproduction, à la famille, au passé et aux émotions froides (comme la tristesse).

Poursuivez ainsi jusqu'à ce que les sept chakras aient été l'objet d'un nettoyage en règle.

Par la suite, quand vous remarquez que les choses vont mal ou qu'elles ne se déroulent pas comme vous le souhaiteriez, adonnez-vous à une séance méditative qui s'adresse directement au chakra concerné.

◆ ◆ ◆

Certains auteurs recommandent de procéder à l'ouverture et à l'assainissement des chakras spirituels (cœur, gorge, front et couronne) en se faisant guider par un maître. Avant de s'en remettre les yeux fermés à un « maître » – je ne peux m'empêcher d'être rébarbatif aux gens qui s'affublent eux-mêmes de tels titres et grades –, on doit s'assurer de l'expertise de celui-ci. Voilà une belle occasion pour mettre ses sens de l'écoute et de l'observation à l'épreuve... Et bien qu'une personne ayant déjà passé à travers cette étape de son évolution possède une force énergétique pouvant effectivement faciliter et diriger le travail d'un autre individu – tant mieux si elle se trouve dans votre entourage et que vous pouvez lui faire confiance –, il ne faut pas pour autant dénigrer et sous-estimer l'efficacité du processus individuel. La sincérité investie dans l'exercice en lui-même ne peut que faire un bien énorme même si cette façon de faire risque de prendre un peu plus de temps. En visant l'autonomie, on évite de tomber dans le piège de la dépendance envers un gourou, on renforce sa confiance et son estime de soi.

Vaut mieux bien se servir soi-même qu'être mal orienté et asservi par quelqu'un d'autre !

Les séances en état méditatif amenant la purification des chakras permettent de se dépouiller de couches de problèmes plus profonds parce que les chakras s'accolent à des parties plus abstraites et plus mystérieuses du corps. Et la prise de contact avec ces nouveaux centres d'énergie dont on ne connaissait pas l'existence et l'influence ouvre la voie à d'autres interventions plus élevées encore.

Les différents corps... du corps

Tous les gens évoluant dans des civilisations où l'analyse cartésienne des choses prédomine s'entendent à dire que la conception et la définition de l'être humain se résument à ses trois dimensions fondamentales, c'est-à-dire le corps physique, l'âme et l'esprit. Leur compréhension du fonctionnement de l'homme – pris dans le sens large du terme – est foncièrement rationnelle, et leur dimension spirituelle est rattachée à la croyance et à la pratique religieuse. C'est pourquoi les notions abordées dans ce livre peuvent leur sembler inconcevables et inaccessibles ; il n'y a pas de représentations concrètes pour « prouver » l'existence de ces éléments faisant partie de l'être vivant. L'énergie universelle, les chakras, le divin, la visualisation, etc., sont les concepts d'un nouveau langage qui chambarde leurs acquis !

Tout cela pour dire que nous arrivons à un stade exigeant une plus grande ouverture d'esprit encore parce que nous raffinons de plus en plus notre travail et que nous pénétrons dans le cœur de l'âme.

Comme la croûte terrestre qui possède plusieurs strates – à l'intérieur desquelles le degré d'activité, les changements de température et les réactions surviennent en interdépendance les unes avec les autres et avec le noyau central –, l'enveloppe corporelle se compose de différentes couches permettant les échanges d'énergies subtiles et la fusion avec l'âme.

Représentation des corps contenus
dans l'enveloppe physique

enveloppe physique

—

corps éthérique

—

corps astral

—

corps mental

—

corps causal

—

âme

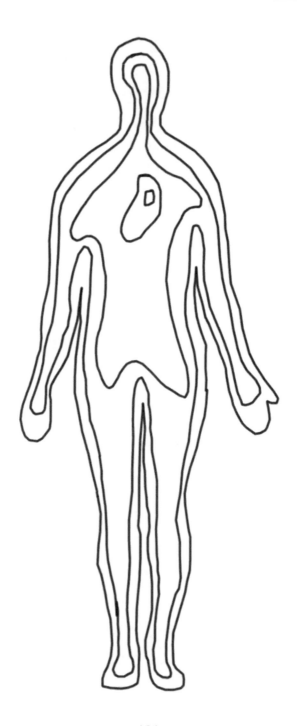

- Le corps physique correspond à ce qu'on voit extérieurement.

- Le corps éthérique (ou corps vital), contenu à l'intérieur de l'enveloppe corporelle, est cette première couche dans laquelle se trouve l'énergie vitale. Sans ce corps, nous ne pourrions vivre. Il constitue notre source de vitalité.

- Le corps astral, contenu dans le corps éthérique, est le siège de tout ce qui est relié aux émotions et aux désirs.

- Le corps mental, contenu dans le corps astral, est le fief des croyances et des pensées.

- Le corps causal, contenu dans le corps mental, atteint un niveau plus profond, celui de la mémoire.

- L'âme trône au cœur du corps causal.

Voilà un autre chemin pour arriver à l'âme qui nous fait voir que l'itinéraire de la conscience vers le centre de l'être n'est pas de tout repos. Toutefois, les exercices effectués jusqu'à présent ont déjà fait une grande part du travail de guérison. Par exemple, à mesure qu'on apaise les troubles de source émotive, soit par une séance de visualisation, soit par un exercice avec le chakra correspondant, on allège le corps astral.

Si on veut travailler plus spécialement en rapport avec les différents corps, c'est possible de le faire. Toujours dans le cadre d'une séance méditative, on n'a qu'à aller porter sa conscience au niveau de chacun de ces corps, à tour de rôle, en se mettant sur le mode perception pour ressentir ce qui en émergera.

On peut aussi demander une purification d'un corps précis à son guide, mais cette requête est parfois à double tranchant. Car, quand un corps est lourd ou embrouillé, c'est qu'il y a un problème à régler ; le corps ne se rétablira que lorsque la source du mal qui l'habite sera coupée. On n'y échappe pas ! Le malaise et sa résorption sont toujours de notre ressort.

Plus on est avancé dans sa démarche personnelle, plus on a fait d'exercices, plus ses mécanismes sensoriels sont purifiés et plus ils sont opérationnels. On peut mieux prévoir et éviter les coups parce qu'on est plus sensible aux signaux que l'on reçoit. On n'est plus ce poste de radio dont les ondes envahies par les parasites rendent la captation des messages vocaux difficile, voire impossible. En faisant la rencontre de soi, on prend soin de ses corps automatiquement. Il faut savoir que toutes les actions parallèles, soit le décodage du subconscient, la méditation, la visualisation des couleurs et des chakras, etc., ont un impact direct sur la santé et le bon fonctionnement des corps. Ces derniers bénéficient du nettoyage émotif effectué à d'autres niveaux et profitent des mêmes bienfaits. Cependant, quand on est conscientisé à l'existence des corps, il est aussi possible de faire un travail sur soi orienté précisément vers ceux-ci. La visualisation des corps est une autre façon de veiller au bon état de son âme, d'entretenir ses senseurs et de purifier son champ vibratoire. Mais pour vraiment en tirer profit, on doit avoir su bâtir des acquis solides à travers les rouages des étapes précédentes.

CHAPITRE 7

LES NOTIONS DE DHARMA ET DE KARMA

Précédé par l'époque du *Flower Power*, le mouvement nouvel âge est arrivé en force vers la fin des années soixante-dix avec son lot de valeurs humaines et spirituelles inspirées de différentes philosophies et religions. On aurait pu croire à une vague momentanée, à une mode, mais l'engouement a persisté telle une frénésie contagieuse. Des disciplines ou des notions qui apparaissaient alors comme excentriques – comme le yoga, la réflexologie, la massothérapie, la méditation, la réincarnation, etc. – sont aujourd'hui plus répandues et mieux connues et ont entraîné dans leur sillon tout un vocabulaire avec lequel on est de plus en plus familiarisé. Des mots et des expressions comme énergie, univers, chakra, vie antérieure, guide spirituel, visualisation, corps astral, régression des naissances, karma et dharma font partie du langage quotidien. Et même s'ils ne sont pas toujours utilisés dans le contexte approprié, au moins, la plupart des gens savent à quoi ces termes font référence.

Parmi les plus difficiles à cerner et à définir se trouvent les notions de dharma et de karma. Pour comprendre leurs sens respectifs, on doit avoir véritablement intégré ce qu'est le principe d'évolution par les réincarnations successives ; de plus, la différence entre les deux n'est pas très évidente et demande qu'on s'y arrête un peu.

Qu'est-ce qu'un dharma ?

Le dharma est une tâche que l'âme a choisi d'accomplir avant même de naître et qu'elle se doit de terminer malgré les obstacles qui se présenteront au cours de sa vie ; le dharma est la route à prendre pour continuer son évolution comme il se doit. C'est donc en se réalisant que l'âme obéit à son dharma. Les goûts, les aptitudes, l'intuition et les talents d'une personne la guident vers ce qu'elle doit faire.

En général, un dharma est relativement facile à mener à bien. Toutefois, on ne devrait pas juger les gens ayant des vies chaotiques ou particulièrement problématiques. Même s'ils ne semblent pas être à leur place, ces derniers peuvent être des âmes qui ont décidé de se sacrifier pour permettre à d'autres de réussir, qui servent de tremplin pour mieux faire briller leurs semblables. Il se peut également que ces personnes servent des entités ayant un dharma imposé et essentiel à leur évolution qu'elles ont accepté courageusement et en toute bonne foi de réaliser. N'oublions pas que tout ce que l'on fait à contrecœur et en grinçant des dents ajoute des points supplémentaires au coefficient de difficulté ! Vaut mieux miser sur le bon côté des choses et se dire qu'après, le chemin sera plus facile.

Il y a aussi des dharmas que je qualifierais de *Club Med*, c'est-à-dire pendant lesquels l'âme s'incarne pour s'offrir en quelque sorte des vacances après une succession de vies antérieures éprouvantes et lourdes. Ces gens pour qui tout semble bien aller, ceux pour qui la vie est confortable, sans obstacles apparents, où les jours passent tranquillement dans un climat de sérénité, profitent tout simplement d'un moment de répit bien mérité.

Cela dit, on vient sur terre pour une chose précise, pour l'exécuter et la mener jusqu'au bout. Tel est le dharma.

Qu'est-ce qu'un karma ?

Un karma, c'est la conséquence d'une faute perpétrée dans une vie antérieure et dont l'entité doit s'acquitter ; c'est aussi un devoir à terminer, une tâche inachevée qui doit être finie au cours de sa vie présente. Un karma, c'est une épreuve qui comporte des difficultés et de la souffrance à surmonter. Et combien de fois avons-nous entendu dire : *C'est dans l'épreuve que j'ai appris, si je n'avais pas vécu cet événement terrible, je n'aurais jamais soupçonné que j'étais si fort,* etc.?

Malheureusement pour lui, l'humain ne réagit bien souvent que lorsqu'il est mis au pied du mur et ne fait appel à sa dimension spirituelle que lorsqu'il n'y a pas d'autres issues. Tel un choc électrique, les problèmes incitent l'être humain en évolution à tirer partie de sa situation pénible, à la vaincre et à résoudre ainsi un karma. Par ailleurs, un seul passage dans le plan terrestre peut servir à régler deux ou trois karmas, tout dépend du niveau de conscience de l'*entité* et de sa détermination à progresser sur la voie évolutive. Une attitude mollasse et faible entraînant le renoncement face à ses obligations ne fait que doubler les proportions du karma et les souffrances dans les vies futures.

Une âme ne peut agir avec des intentions de vengeance ; elle doit se contenter de respecter son évolution et faire confiance aux lois cosmiques qui soutiennent que tout karma se doit d'être payé inévitablement. L'âme n'a pas à s'en charger, la *providence* s'occupe de tout.

Il existe des karmas de tous ordres, des karmas de vie de jumeaux, de toxicomanes, de personnes atteintes de désordres sexuels, de conception d'enfants du même sexe seulement (femmes qui ne peuvent donner naissance qu'à des filles ou qu'à des garçons), de morts dans les incendies et les noyades, d'injustice, etc., mais il serait bon d'insister sur les suivants.

Les karmas individuels

Toutes les actions posées volontairement ayant des répercussions négatives et entravant l'évolution d'un de nos semblables, que ce soit par méchanceté, par égoïsme, par envie, par orgueil ou pour servir ses propres fins, provoquent un karma.

Tout être humain a une mission à accomplir. Même si nous croyons fermement qu'une personne s'enlise, nous pouvons nous permettre de lui donner notre point de vue, mais nous ne pouvons lui imposer notre façon de penser. Cette personne a quelque chose à vivre et à gérer elle-même pour apprendre.

De même, il ne faut pas se laisser impressionner par les individus qui semblent au-dessus de tout ; plus souvent qu'autrement, ils manipulent, sont de mauvaise foi et se servent des autres. Même si, en apparence, ils échappent à toute forme de justice, plaignez-les, car le poids des karmas futurs sera très lourd à porter !

Les karmas de vie professionnelle

Sentir que l'on est à la bonne place, assumer ses responsabilités et les exécuter en toute bonne conscience et en respectant le travail de ses collègues, voilà comment remplir sa mission professionnelle sans engendrer de karmas. Une personne qui se débarrasse de ses obligations et qui ne remplit pas sa tâche honnêtement se donne un karma, et ce, qu'il s'agisse du riche président de compagnie ou de l'ouvrier modeste.

Il est possible que l'on ait une vie professionnelle au cours de laquelle on touche à plusieurs métiers. On a peut-être plusieurs karmas professionnels à terminer. Toutefois, les changements doivent viser l'amélioration générale de la situation. Il est vain de modifier son poste si le nouvel emploi comporte autant ou plus d'aspects négatifs que le précédent, si ce n'est que pour changer le mal de place ! La réorientation doit apporter plus de motivation et aller dans le sens de l'évolution personnelle.

Les karmas de santé déficiente

On a tous le réflexe de s'insurger devant l'enfant qui arrive au monde avec une maladie incurable, ou un handicap physique ou mental. On crie à l'injustice ! Pourtant, aussi cruel que cela puisse paraître à première vue, et même si l'on ne peut s'empêcher de compatir avec les familles, on gardera à l'esprit qu'il y a toujours une raison sous-tendue pour expliquer ce genre d'événements. En effet, le père, la mère ou l'enfant se réincarnent dans un tel contexte pour faire face à une réalité qu'ils n'ont pas comprise antérieurement ou qu'ils ont ignorée, ou pour se racheter de l'attitude négative qu'ils ont pu avoir envers une personne handicapée ou malade.

Chaque personne affectée a pour mission de se prendre en main afin de se guérir ou d'apprendre à fonctionner avec ses malaises.

Il en est de même pour les personnes qui développent ou ont développé un handicap ou une maladie au cours de leur enfance ou de leur adolescence, ou qui sont victimes d'un accident grave. Eux-mêmes ou leurs parents ou la personne qui a provoqué l'accident ont des choses à comprendre avec un point de vue parfois différent parce qu'avant d'être affectés par un trouble quelconque, ils ont tous eu le temps de goûter aux joies d'une vie saine ou sans complications supplémentaires.

Plus le handicap est grand, plus les valeurs intérieures doivent être prises en considération. Souvent, les enfants lourdement atteints par la maladie sont des incarnations d'entités ayant décidé de se sacrifier pour aider une personne chère à leur cœur à achever un karma qui pourrait être encore plus tragique si ce n'était pas elles qui s'en chargeaient.

Les karmas de vie interrompue et d'infécondité

Les embryons qui n'arrivent pas à terme sont des entités qui changent d'idée en cours de route. L'âme décide donc de quitter son corps en formation et provoque une fausse couche.

L'avortement est une réalité un peu plus complexe parce que – et écartons tout jugement de valeur, religieux ou social – sur le plan cosmique, il ne constitue pas une solution acceptable. Dès qu'il y a conception, l'âme existe. Toutefois, la femme aux prises avec un tel choix doit faire confiance à sa voie intérieure car, effectivement, il peut s'avérer plus adéquat d'interrompre une grossesse non désirée, mais, ici, seule la conscience de la personne concernée peut discerner la bonne solution pour elle et l'âme en devenir.

Ces épreuves karmiques ne leur sont pas imposées sans raison. Elles doivent trouver la solution qui les fera vivre en harmonie avec elles-mêmes.

Certaines âmes doivent se réaliser sans procréer. Ces dernières ont d'autres buts à atteindre sur le plan professionnel ou spirituel et n'auraient pas suffisamment de temps à accorder à un ou à plusieurs enfants.

Les karmas de gratification

Positive à tous égards, la vie de l'entité n'est remplie que de belles choses ! La créativité, la générosité et le don de soi sont quotidiennement au rendez-vous. Elle est à un stade de son évolution où elle a besoin de donner et de recevoir humblement, en sachant qu'elle est toujours en interdépendance avec les autres.

Les karmas familiaux

Certaines familles vivent des contextes absolument insoutenables. Il y a aussi une raison à cela. Les personnes impliquées dans une relation conflictuelle avec un membre de leur famille doivent faire face à la musique et ne pas s'esquiver ; elles ont quelque chose à régler. Et c'est précisément pour ce motif qu'elles se sont réincarnées soit pour se libérer d'une emprise, soit pour apprendre à se détacher, soit pour faire la paix, soit pour se rebrancher sur son amour-propre, etc. Si l'autre ne réagit pas positivement aux efforts déployés, c'est son problème dorénavant. Quant à l'âme qui a tenté sincèrement de rétablir les choses, sa dette karmique est payée.

Les karmas de vie de couple

La notion de vie de couple a considérablement changé depuis les trente dernières années – à preuve, le pourcentage des divorces et des séparations a grimpé de façon significative.

Sur le plan cosmique, une séparation entre deux êtres impliqués dans une relation amoureuse n'est une résolution karmique que si elle s'effectue dans un respect mutuel et si toutes les solutions de sauvetage ont été discutées et tentées au préalable.

Autrement, le fait de mettre un terme à une vie de couple sans en avoir compris les causes profondes constitue une source de karmas futurs.

L'homme et la femme vivant sous l'égide de la violence ont tous les deux des leçons à tirer de cette conjoncture désastreuse. Quand l'histoire se conclut par une séparation ou par un rétablissement de la situation – car il arrive en effet que certains couples s'aimant à la base reconnaissent la provenance du sentiment créant le climat de violence et trouvent les moyens pour interrompre le cercle vicieux dans lequel ils s'enlisaient –, le karma est terminé.

Néanmoins, il faut retenir que l'on ne peut délier l'union cosmique comme telle. Une fois qu'il y a eu échange d'énergie entre deux personnes, elles en portent le sceau dans chacune de leurs cellules.

Les karmas de violence

Tous les actes violents, comme les viols, les meurtres et les suicides, sont répréhensibles et inconcevables, tant à l'œil divin qu'aux règles sociales, mais la nature humaine est telle qu'elle en a fait des comportements bien réels, et ce, malgré leur caractère inacceptable.

Dans de tels cas, le non-jugement est encore la seule issue n'entravant pas le cours normal d'évolution de l'âme, car il faut se rappeler que les lois karmiques ne correspondent pas nécessairement à celles de l'homme.

Les karmas sociaux

Les tragédies aériennes, navales et ferroviaires, les grands incendies, les guerres sont autant de désastres entraînant la mort d'un nombre parfois impressionnant de personnes. Toutes passent par cette épreuve soit pour rembourser une dette karmique, soit pour se sacrifier au nom d'une mission plus grande que la leur, soit pour évoluer.

L'humanité entière a un karma. L'attitude je-m'en-foutiste, trop souvent répandue, entraîne irrémédiablement des difficultés que les hommes ne pourront plus contourner et auxquelles ils seront confrontés tôt ou tard pour assurer leur propre survie. Les cataclysmes naturels (éruptions volcaniques, glissements de terrain, inondations, tremblements de terre, ouragans, tornades, etc.) sont une forme de réponse de la terre à ses occupants pour leur signifier qu'ils ne peuvent se permettre de l'ignorer impunément.

Les karmas de spiritualité

La personne discrète et au mode de vie le plus modeste est parfois plus évoluée que celle qui clame détenir la connaissance haut et fort ; la vraie spiritualité se vit selon des préceptes émergeant du cœur, puis se traduisant dans des gestes les reflétant.

◆ ◆ ◆

Ces détails sur la notion du karma, même s'ils peuvent parfois être cruels et provoquer de véritables souffrances dans notre vie actuelle, nous font aussi comprendre pourquoi il importe de respecter autant le vécu de l'autre que le sien ; chacun a quelque chose à apprendre et vit des événements qui l'amènent sur les sentiers de la compréhension et de l'élévation spirituelle.

La culpabilité est le signal d'alarme qui indique que l'on n'a pas pris la bonne décision, que l'on n'a pas réglé les *vraies* affaires. Tant que l'on ressent ce petit quelque chose qui dérange intérieurement, l'épreuve n'est pas tout à fait liquidée. Un karma résolu est synonyme de réconfort et de liberté intérieure. Vous êtes alors prêt à passer à autre chose.

CONCLUSION

Les observateurs en sociologie appréhendent les conséquences des courants idéologiques centrés sur le moi et celles des comportements individualistes des habitants des pays développés. Et avec raison, car on est déjà aux prises avec des problèmes aigus d'isolement, de solitude, d'augmentation de la violence et de découragement chronique dans certaines tranches fragilisées de la population. Tant que les gens ne sont pas affectés personnellement, ils ont le réflexe (bien involontaire) d'ignorer et de faire la sourde oreille.

À première vue, le chemin qui mène à soi peut sembler suivre cette ligne de pensée ; on peut croire qu'il s'agit d'égoïsme, en raison justement du caractère individuel de la démarche. Mais ce n'est pas le cas. Cette recherche personnelle est nécessaire à toute personne qui veut être en mesure d'utiliser son potentiel dans le but d'en faire profiter autrui. En plus d'amener la personne à se connaître, à s'apprivoiser elle-même, à s'aimer et à vivre dans l'harmonie, le chemin qui mène à soi éveille sa conscience quant aux ressources qui dorment en elle et lui donne des outils pour se réaliser pleinement.

La recherche de soi est donc incontournable, mais elle s'effectue avec le désir de communiquer, de redistribuer et de propager le bien-être que l'on acquiert et l'harmonie que l'on porte à l'intérieur. La recherche de soi basée sur la sincérité, le respect, l'amour inconditionnel, le non-jugement et le pardon guide nécessairement les pas de celui ou de celle qui prend ce chemin du partage.

Avant de fermer ce livre, il serait bon de faire une récapitulation des points les plus importants à retenir tout au cours de votre démarche :

– Assurez-vous que l'intention de la recherche est sincère et qu'elle correspond à un désir réel, sinon la démarche est faussée dès le départ et vous risquez alors de tomber dans l'illusion et la fabulation ;

– Faites de votre conscience votre éclaireur de piste, votre fidèle compagnon de voyage : reconnaissez la portée de vos actes, sachez-en le pourquoi, responsabilisez-vous face à vos propres choix en assumant les conséquences, admettez vos erreurs sans les considérer comme des échecs, éprouvez de l'empathie pour les autres ;

voilà quelques façons éclairées de vous comporter en ayant la conscience à vos côtés ;

– Utilisez des outils comme le sens de l'observation et le sens de l'écoute qui vous aident à voir venir les obstacles et les épreuves, et à les percevoir comme des leçons ou des tests de vie vous permettant d'avancer et d'évoluer ;

– Apprenez à faire confiance aux pouvoirs de l'énergie en vous appuyant sur votre foi, en vous y abandonnant ;

– Sélectionnez les gens qui composent votre entourage en fonction de vos attentes et de votre bien-être ; ne craignez pas d'éloigner les personnes qui vous ennuient et grugent vos énergies. Veillez à faire les ruptures qui s'imposent ;

– Faites décrocher le mental régulièrement en le mettant au repos par la relaxation et le développement de vos aptitudes intuitives. Pour qu'il y ait renouvellement des idées, il faut faire de la place – sortir les vieux meubles pour en faire entrer d'autres ! Tant que vous restez *accroché* et que vous dirigez tout mentalement, vous ne laissez pas de place à l'énergie et vous l'empêchez d'œuvrer pour vous. Le lâcher-prise fait circuler l'énergie là où elle doit aller ;

– N'ouvrez pas votre âme à tout le monde. Méfiez-vous des ateliers ou des cours intensifs de groupe impliquant un travail d'énergie intense. Souvent, lors de telles rencontres, vous touchez à des zones très sensibles et vous ouvrez des plaies que l'on ne prend pas le temps de soigner ou de refermer... et on vous laisse partir en étant perturbé, déséquilibré et complètement vidé. Informez-vous adéquatement, surtout si vous débutez dans ce genre de travail. Après avoir tout contrôlé pendant vingt-cinq, trente ou quarante ans, voilà que vous vous ouvrez et que vous vous remettez entre les mains d'autres personnes... L'âme à vif, vous êtes vulnérable et démuni, et vous risquez de tomber sous le joug de gourous ou de vous lancer tête baissée dans une démarche personnelle inconsciente;

–   Visez toujours un cran plus haut. Si vous êtes à l'aise avec l'idée d'accéder à un niveau plus avancé (et qui s'inscrit d'ailleurs dans la suite logique de votre évolution), l'énergie fera en sorte que vous pourrez y parvenir. Et puis, je l'ai dit, quête de soi et bien-être intérieur ne sont pas synonymes de pauvreté. Par exemple, vous rêvez d'une voiture plus luxueuse; allez chez le concessionnaire, asseyez-vous à l'intérieur de la voiture en question; si votre ressenti est positif, que votre voix intérieure vous dit que c'est ce qu'il vous faut, l'énergie universelle fera en sorte que vous pourrez vous procurer cette voiture (par un moyen traditionnel ou par un moyen que vous n'avez peut-être même pas envisagé). Si, par contre, la sensation intérieure est inconfortable et pleine d'hésitation, ça ne se réalisera pas. N'oubliez pas: l'énergie ne s'impose pas quand elle ne reçoit pas de demande claire;

- Perdez l'habitude de vous faire des reproches, car cela vous ralentit et mobilise votre mental négativement ;

- Reconnaissez la présence de votre guide et adressez-vous à lui. Son amour est réel, son réconfort est régénérateur et son appui est inconditionnel ;

- Accordez-vous un moment de recueillement régulièrement au cours duquel vous prenez le temps de sonder votre âme, que ce soit par la relaxation, la méditation ou la visualisation. Ces quelques instants permettent d'entrer en contact avec vous-même, de stimuler votre acuité intuitive et de renforcer votre force énergétique.

Considérez la vie comme un terrain d'expérimentation servant à votre évolution et sachez en profiter. Cela vous sera remis, car l'Univers sait reconnaître les actions des consciences éclairées.

Et bonne route !

TABLE DES MATIÈRES

INTRODUCTION 7

Chapitre 1
LA QUÊTE DU BIEN-ÊTRE 11
Avoir la volonté 13
Recherche et compréhension 16
Les chemins 18

Chapitre 2
FAIRE CONNAISSANCE AVEC SOI 21
L'émergence d'un besoin 21
La sincérité et l'humilité 22

Avoir la foi 25

L'abandon 30

Être son meilleur ami............................ 32

Les pièges à éviter............................... 33

TEMPS D'ARRÊT 38

Faire les constats qui s'imposent 39

Chapitre 3
LE POUVOIR DU PARDON 41

L'amour inconditionnel......................... 46

Chapitre 4
GARNIR SA BOÎTE À OUTILS 49

L'écoute et l'observation....................... 50

La relaxation 53

L'état méditatif...................................... 57

La visualisation 65

Chapitre 5
LES PREMIERS PAS SUR LE CHEMIN
QUI MÈNE À SOI 71

Établir ses propres lois........................ 71

Exercices de renforcement des nouvelles lois... 75

Chapitre 6
INTENSIFIER LA RELATION AVEC SON ÂME..... 91

Le guide spirituel.. 92

L'influence des couleurs...................................... 98

Le décodage du subconscient 101

AVERTISSEMENT.. 119

L'énergie prodigieuse des chakras 120

Les différents corps... du corps.......................... 128

Chapitre 7
LES NOTIONS DE DHARMA ET DE KARMA 133

Qu'est-ce qu'un dharma ?.................................. 134

Qu'est-ce qu'un karma ? 135

CONCLUSION 145